catch

catch your eyes；catch your heart；catch your mind······

catch 207

袁青時尚學

作者：袁青
責任編輯：繆沛倫
編輯協力：琦珞創意設計 邱羿瑄、陳玟晴
插畫：Vita Yang
美術設計：一瞬
法律顧問：全理法律事務所董安丹律師
出版者：大塊文化出版股份有限公司
台北市 106 市京東路四段 25 號 11 樓
www.locuspublishing.com
讀者服務專線：0800-006689 TEL：(02) 87123898　FAX：(02) 87123897
郵撥帳號：18955675　　戶名：大塊文化出版股份有限公司
版權所有　翻印必究

總經銷：大和書報圖書股份有限公司
地址：新北市新莊區五工五路2號
TEL：(02) 89902588 (代表號)　FAX：(02) 22901658

初版一刷：2014年4月
初版二刷：2014年5月
定價：新台幣300元

ISBN 978-986-213-521-1
Printed in Taiwan

袁青時尚學

Talk *about*
Fashion
Attitude

袁青——著

CONTENTS

Talk *about*
Fashion
Attitude

自序

打開這本書，就像走進我的魔法衣帽間，許多角落裡的回憶，一湧而上。

小時候，四個兄弟排行老么的我，總是接收舊貨的倒楣鬼；幸好，每到舊曆年，媽媽準備好從裡到外全套新衣的「傳統」，彌補了小小心靈的缺憾。

感謝老天給了我金牛座對於一切物欲的偏執和狂熱，更慶幸我不顧傳統社會對男性價值主觀判斷的勇氣。從小喜歡做夢、更愛說故事，終於，有一天變成了我的職業，容許我更放縱的，用考究的，甚至檢驗、批判來面對「穿衣、吃飯」這檔再尋常不過的事兒。

很多人不以為然，品味是一種表達自我的「能力」，而支撐能力的背後是知識累積也是一種體驗。一旦跳脫裝扮外表，關乎心理或身分的轉換，我嘗試把時尚從工作變成精采的人生：蓄了小鬍子、砸錢扮闊佬飛到歐洲看秀、量身訂製西服，或是在身上刺青……當我站在衣帽間的鏡子前，時尚，不再是孤芳自賞的影子，更不是奢華無度的惡魔，而是像呼吸一樣自然而然成為我的一部分……

網路與數位科技的躍進，面對真實和虛擬交錯，這個自我又自戀的世代，一切變得更不

確定。但不論冷眼旁觀或身歷其境，我從來都沒有忘記，文字的力量和溫度，讓我得以藉由時尚，穿梭時光，記錄隱藏於真實下的自己。

挑那一套出場呢？戲要開演了，闔上書本，歡迎來到我的時尚世界。

Part1

——

男人，
你應該要有品味！

也許我們都忽略了，時尚每天如影隨形。

在台灣和我一樣埋身時尚的人不知凡幾，但說實在的，除了那一撮泛白的鬍渣，可能洩露了我在圈內的資歷之外，莫名的熱情才是我沒有被「後浪」沖走的原因！

根據估計，每年全球消費在衣著和配件的金額高達一兆美元，即使「馬雅文化」預言末日，這項花費只會增加而不會減少。今天，時尚創造的不只是「需求」，而是製造「欲望」。任何人都無法忽略它的影響力。手機、汽車、居家、烈酒，幾乎所有生活形態都想盡辦法和時尚沾上邊兒。穿什麼變成一種宣示。時尚關乎你買的是哪一種「身分」。

儘管時尚善變、短命又勢利，但的確迷人。如果只靠著零星的一點熱忱很難支撐下去。說到對時尚始終熾烈的熱情，包括：多花好幾個零的尾數的價位，親身飛到倫敦兩趟只為一窺「量身訂製」西服製作的奧妙，最後居然埋單加入「高級訂製」行列；為了體驗街頭流行文化，不顧旁人反對，忍著痛楚在手肘刻下了永生刺青的印記；為了學習、充實時尚品味，在寸土寸金的台北，不惜打造一間繳了無數私人「學費」的私人衣帽間；又或為了多吃幾口時尚派對裡的finger food，每週上健身房揮汗如雨，誰教以貌取人的時尚業，容不下一副垂垂老矣的臭皮囊。沒有人逼你，我只能說就當是「敬業」吧！

對很多想投身時尚產業的後輩，或是不屑和時尚為伍，但又好奇想一窺八卦的人來說，這群小而自我滿足的時尚圈子，設計師、超模和

秀場文化絕對是最吸引人的章節。每年三月和十月，巴黎、米蘭、倫敦、紐約，估算約有1800位國際媒體及800位買家，排隊爭取那張燙了金的高級訂製服秀票，而比誰坐在時裝秀前排的「身分和地位」，又是另一場好戲。

征戰秀場多年的我，早在台灣報禁開放之先，就出入各大秀場，橫豎有一年坐在Gucci米蘭大秀第一排看秀的經驗，和雪地裡被Prada秀場保鏢擋在門外、筆記本被踩在地上、相機底片被保鏢硬生生抽走的窘況也不時上演，更不要說可憐踮起腳尖還是看不見的「站票」人生，但這都比不上因為拜訪「時尚六君子」親訪比利時安特衛普，而被扒走連同信用卡及護照證件的鱷魚皮包來得要命吧！你如果問我後不後悔，我的答案是，仍然是值得的。

平均每季，而且是早在半年之前，設計師就必須推出大約200至300款被市場淘汰或接受的作品，你很難苛責服裝設計師難搞，甚或都有點偏執狂。這些年我見過的設計師也不少，卡爾拉格斐（Karl Lagerfeld）神祕的墨鏡、馬克雅各布斯（Marc Jacobs）的刺青、若即若離的繆西婭普拉達（Miuccia Prada）和充滿戲劇性的約翰加利亞諾（John Galliano），但有機會和包括前Gucci時代的湯姆福特（Tom Ford）一對一的採訪，這經驗最令人難忘。

初到米蘭看秀，每每湯姆福特不但會派人在你下榻飯店送花，秀後更低調的請你參加他的小型宴會。有一次在東京訪問這位甚至是很多時尚人的偶像、服裝設計師裡的明星的他，只見湯姆福特體貼或是刻意支開公關，在他房裡接受專訪，只見西裝筆挺、衣裳楚楚的湯姆福特就在眼前，他有很漂亮的一雙手和迷人的肢體語言，可想而知，「最有魅力的設計師」是媒體如出一轍對湯姆福特的評論。這個例外，好

多年沒再出現。

「沒有一萬美金，我不想下床。」口出狂言的名模琳達伊凡吉莉絲塔（Linda Evangelista）在1991年接受《VOGUE》訪問時，說了這句名言。我還記得台灣國際中文版《VOGUE》創刊請來本尊，我鼓起勇氣，發揮記者大哉問，請教琳達伊凡吉莉絲塔，因為這句狂言，名模被封殺的感想？不愧薑是老的辣，琳達伊凡吉莉絲塔眼珠子一轉，一字一句地說，「難道這要刻在我的墓碑上作為懲罰嗎？」第二天，琳達伊凡吉莉絲塔這句「名言」又成了斗大新聞標題。今天，即使吉賽兒邦臣（Gisele Bundchen）以超模之姿名列「富比士」全球百大富人排行之一，但至少我有幸見證了超級名模的時代。

始料未及的是，報禁未開放的年頭，從聯合報「家庭婦女」版，只因當日版面沒有畫面，老編交代來篇不能超過300字的時裝圖文起，暗許要當一個「時尚記者」摸索到今天，有點憤世地斷然離開媒體，只因不想再為那椿模特兒、明星、名流「露底」事件加油添醋，而忽視了伸展台前的流行趨勢；也不甘再為哪個有廣告預算的大名牌刻意粉飾，而忘了為時尚品味養成多寫一兩個字。但終究不能忘情時尚。

翻弄多年來私人時尚筆記本，有的時候，我是媒體；忽而走進店裡，變成時尚潮流的消費者。買與不買，對時尚一面冷嘲熱諷、一方面又為之著迷，甚至自己也「變成故事的一部分」。這正是時尚迷人之處，儘管我並不認為穿上Zara和H&M的時尚聯名之作就直通奢華，但深陷其中，我還是時時提醒自己，寫與不寫之間，心裡的那把尺，主觀？還是客觀？

男人的發球權

有機會去竹科和電子業大老們聊聊成功男人如何成為商場上的「型男」，題目訂的是，「那些男人該懂的、女人愛管的事」。可不是嗎？原來，很多台灣男人，尤其在穿著造型這方面往往被女人牽著鼻子走。這些叱吒商場的成功男士，當然也不例外。其實我並不意外，女性喜歡依照自己的喜好去「改造」另一半，盡可能地讓他符合心目中的真命天子。但某種程度上是非常粗魯的，女人大可鼓勵，但卻不能因此強奪男性對於自己外表上的表達能力，不是嗎？

好比女星伊莉莎白赫莉（Elizabeth Hurley）的板球明星男友沃恩（Shane Warne），原本是一位粗獷的運動球員，卻被她改造成「芭比娃娃男友」肯尼。陽剛味全失，現在的他看起來和之前的男人樣完全兩回事，令人不禁要問，難道伊莉莎白赫莉對她的男人施了什麼巫術嗎？

另一個被強勢女人改造的男性例子莫過足球金童大衛貝克漢（David Beckham），他對足球的努力及熱情讓他成為球場上的男子漢，但太座維多莉亞（Victoria Beckham）對丈夫私下穿著與形象常常指指點點，兩人出國渡假時，貝克漢被拍到穿上沙龍，媒體認為這一定是維多莉亞這個女人的主意。與他情同父子的前曼聯傳奇教練佛格森爵士（Sir Alex Ferguson）也在自傳裡提到，貝克漢把太座的意見奉為聖旨甚至超越了球隊，也埋下他轉讓到西班牙皇家馬德里球隊的伏筆。

當然，這種狀況可不只出現在名人身上，許多女性都很喜歡「塑造」自己的男人，一心想為他們的外表升級，但卻用的是女人的觀點來打扮身邊的男性。但實際上，一個巴掌拍不響，這和大多數男性甘願放棄形象的自主權也有關。因為很多男人一聽到女人告訴他「你這樣看

起來棒透了」就失去主張和判斷力；可惜從女性思維，「過度」的造型和保養，老實說，不僅看上去很怪，甚至毫無男性魅力可言。

當然男性在某方面對女性也會做出這樣的要求，許多男性嫌女伴太胖，強烈建議甚至逼迫對方減重。或許有人會說，可憐，女性早已被「男性眼光」檢視了多少世紀，今天女人想控管男性的美學，不過是一種心態上的平衡，或提醒男性這種感覺有多糟罷了。因為當男性以如此極端的眼光和方式改造女性外貌，並堅持怎麼樣才是性感，簡直是心理上的折磨。「讓他變得更好？」除非健康或是衛生上的習慣問題，不然沒有人有權因個人喜好去改變、批評或嘲笑另一半的外表。

紳士、名士、熟男、帥哥；優雅、陽剛、俊俏、斯文，都是對傳統男性形容。不論玉樹臨風的灑脫，還是一夫當關的豪氣，今天男人和女人一樣有權力爭取內心和外在的平權和美麗。

所幸，Zara、Abercrombie & Fitch、GAP等大舉攻占的 fast fashion，今天時尚給了男人不少機會。不管是抄襲主流或是改變穿著氣氛，平價而多樣化的男裝設計靈感來自任何可能，甚至女裝。重點是，多元化的男裝搭配，提供男士穿著風格的示範，讓男人了解場合和身分、白天和晚上、正式和休閒的差別。多一點色彩、不必一定成套，休閒也可以優雅、運動風不等於邋遢。

平價潮牌的普及，提升男性美學養成，帶動傳統時尚開始擺動，40年代的熱帶主題為春夏型男訂下基調。棕櫚樹、熱帶女郎、絲緞夾克與異國情調的日落和印花，但「俗氣」和「時尚」只有一線之隔。寬鬆及膝的短褲或休閒獵裝，令男人看起來既整潔又不羈。

如果說，女裝是一場革命，而男裝就是一種進化。舉凡內衣、手錶、西裝、香水、行李箱、公事包、皮鞋、鋼筆、風衣，甚至床單和馬克杯的選擇，都可以展示一個現代男人的品味。但重點是，奉勸男士們，必須正視時尚，它不是女人的專利，也不是風花雪月，聊備一格的茶餘八卦，試著學會分辨品味和確立自我風格的重要。

風度是養成的，規則是死的，但態度是活的，從小被教育要獨立自強的男性，是不是可以放下傳統社會的規範？當人魚線和髮際線的距離愈來愈遠，要進化，IQ、EQ，不要忘了還有GQ，男人們，請拿回你的發球權吧！

十個品味要訣

———————————————

品味的建立何嘗不是一種認識自己的方法。服裝代表著第二個自己。每件衣服都隱藏著某種意義，更是一種傳達風格的語言。

很多人善於利用外顯的服飾適當地展演自我，但是，相對也有人面對前仆後繼、蜂擁而來的流行資訊不知所措。問題在於你對自己究竟了解多少？包括身體狀態、個人好惡、工作性質和出入場合。因為穿對衣服比穿漂亮的衣服更重要。

事實上，符合個人喜好之外，配合外在條件是「好品味」的第一步。換句話說，培養好品味就是要學習去調和「吸引你」和「適合你」之間的差別。以下是我的心得，也許可供參考。

找出適合自己的「型」。

正確地判斷是不是適時、適地，這是培養品味的一種基本訓練。有人天生對色彩、圖案和質料有敏感的觀察力，但是透過對自我的了解，長時間的培養和經驗累積，找出適合的「型」，時尚的敏感度是可以培養的。

音樂、美術、建築、電影和書、畫等一些小事物都是學習判斷美醜的能力和機會，不然可以試著發現學習的對象。古人可以借鏡，現代人甚至某個有天分的朋友都是很好的榜樣。試著把新的風貌和比例融入自己既有的特色裡，記得，喜不喜歡並不代表一定合適放到自己身上。問自己你希望傳達出什麼訊息，是幽默、性感、中規中矩，還是優雅、斯文？一個穿得「有型的人」可能比任何名牌都來得重要。

認清體型優缺點。

必須在衣服和身體之間取得和諧的平衡。與其被動地接受社會評斷的完美身材標準，不如誠實面對身體，發揮特點。身體是不會說謊的。隨著年齡、生理狀況和心情，每個人的身材都呈現不同階段的變化。

掌握品味的懂得運用材質、色彩和剪裁手法，不忘記體態的優缺點，隱惡揚善是表現品味的手段。平肩還是斜肩、小腹和腰圍需不需要掩飾？腿和手臂的比例是否標準？先天身體上的「資產」都是穿著時重要的線索，凸顯或是掩蓋之間，端看你是不是真的認清自己的身體。

逐步建構理想衣櫃。

「在有限的條件之下穿著得體」才是考驗品味之道。有人會以經濟條件不佳為理由，但是，如果逐步階段性地採取重點採購和更新衣櫃配備，絕對可以建立衣櫃的系統和個人穿著品味。

先理出一個清單，工作和應付場合的必備單品優先採購。比如，多用途的風衣、一件可以改變造型的皮衣、簡單打底的T恤、變化細節的絲巾等。其次是如果喜歡某品牌，不妨留意折扣，先以搭配性強的單品下手，再逐一嘗試淘汰掉不當的衣物，建構衣櫃的個性和質感。

學習欣賞「簡單」的美學。

改善一個人的風格，幾乎等於改變「思想」。真正了解「簡單」之美，其實並不簡單。學習簡單，指的是對於風格裡穿著態度和服裝款

式和材質的一種「質」上的挑剔要求和提升。

剪裁簡單、色調單純，代表基本做工的堅持，當講究回到原點、不花俏、不取巧，品質就無所遁形，也提醒穿衣服的人認清優缺點。化繁為簡，對任何人來說都是品味的根本。

不妨迷信一個品牌。

服裝以各種方式，提供穿著者心理上的安全感和尊嚴，甚至是一種慰藉。品牌則是建立某種穿著自信的正面示範。象徵社會地位和經濟條件往往是品牌所帶來的「附加價值」。

更重要的是，品牌代表對品質和設計的基本要求。選擇一個和自己喜好和經濟條件能負擔的品牌。透過設計風格和社會地位象徵，替穿著找到定位，省卻不少盲目跟風的風險。在樹立風格的路上，「迷信」某個名牌不見得是拜金，而是理出特色的一種非常手段。

善用小配件。

不要忽略小細節的搭配所帶來的效果。眼鏡、手錶、戒指、腰帶、內衣、絲巾、襪子和各式別針、提包，甚至一條領帶，只要運用得體，就能展示流行敏感度，凸顯出個人特色風格。

試試古典或基本款的式樣，適度地在配飾的色彩、材質上創造一點衝突和驚嘆，你會發現買得少，搭得巧反而擁有更多造型。令全場驚艷的配件，不如感受親和和特色的配件更值得投資。

用配件不要貪心。太多、太顯眼都不能發揮綠葉之效。配件與其過於誇張不如做工精細，因為配戴的小物，某種程度上是透露個人品味的重要線索。

投 資 一 雙 好 鞋 。

從頭到腳，再也沒有比鞋子更能清楚地洩露心事了。一雙鞋子可以「說」出這個人的個性、經濟狀況、屬於那種社會階層，甚至職業。

性感的、舒適和實際的，鞋子既然很快地洩露個人品味，投資不能不小心，而且不能太過於草率。鞋子之所以在品味項目上被單獨拿來作文章，一方面因為鞋和服裝搭配傳達流行感，同時鞋的好壞也代表一個人的「品質」。

鞋子的耗損度很高，為了保持品質，最好備有不同場合和屬性的鞋款。比如，基本繫帶的方頭鞋、休閒平底鞋，一雙麂皮便鞋和球鞋也不可少。咖啡、黑色和淺米色配搭性強，重點是鞋子最好輪流更替著穿，才能保證閣下是下生光。

髮 型 影 響 全 局 。

髮型常會讓一個人的造型產生極大的改變，所謂「牽一髮動全身」。

髮型、髮色引人注目，也是造型上最多突破的地方，不論長度、捲度和髮質都關乎一個人的品味。既然如此，髮型的改變更要依照個性，而不是緊追潮流。適合你的，並不見得一定是「正在流行」的髮型。髮型好壞包括髮色和髮質。與其花心思染髮不如強調五官特色和修飾

臉形的剪工，這是選擇髮型的重點。一般來說，深色、自然成形的髮型傳達的社會形象較為正面且專業。

聰 明 採 購 計 畫 。

對於奢侈品的欲望，必須放在合乎實際考量設想。花了一大堆的錢「堆」出來的品味，不足為奇，在有限預算下，運用巧思的採購更見高明。

「買好東西勝過買很多」。超出能力範圍的採購，不但不合乎效益，也不切合社會地位身分，而顯得格格不入。每一季設定採購上限，除非有其必要性，可以等折扣再下手；而且出手之前，仔細評估和現有服裝的搭配性。若是超出預算，冷靜一下，幾天過後，是不是就忘了？那就表示沒有那麼迫切，不也就省下額外的支出。

關 心 流 行 資 訊 。

設定了自己的「風格」後，花點時間做功課，找出這一季和自己想要的形象最接近的作品，然後參考報章雜誌、電視影集、流行MV等，重點是試著發現本季時尚的重點和自己有沒有交集。

比如，當季主要款式是喇叭褲、黃色或紫色，考慮一下，適合膚色和身形、場合嗎？民俗的印度風情或是搖滾街頭風，自己穿上身的機會有多少？格紋或是燈芯絨在衣櫃裡和其他現有衣物的搭配性如何？流行是整體的，包括髮型、色調和式樣，或是選一個合適自己的流行重點也行，看起來不會是遜咖，而是掌握流行的箇中高手。

愈不景氣愈要盛裝

「Pull up your socks.」拉起襪子＝打起精神。
「Smarten up and buckle down.」精心打扮、扣好扣環＝全力以赴。

全球金融海嘯下，成為重災區之一的時尚圈必須振作起來，甚至逆勢而行；有趣的是，從以上字面上，socks 襪子、buckle 扣環，這些男人配飾居然是「穿出朝氣」的關鍵字，換言之，不景氣的另類思維就是愈要「穿得風光」。

你真該看看「雷曼兄弟」公司關門大吉那天，紐約部門員工穿著拖鞋、短褲來清理個人物件，和倫敦總部被解雇的員工仍著正式西裝的造型，不但天差地別，也顯示了這些被解雇的員工對未來前景和個人生涯的企圖心，顯然後者是樂觀向上得多了。

金融風暴讓人突然覺醒，穿著不再是雞毛蒜皮的瑣事，而且結論是愈要穿出樣子來，顯示你並沒有被打倒。衣著是最好的線索。現在正是告別邋遢的時候了。曾幾何時，電子新貴們鼓吹穿夾腳拖、牛仔褲和運動衫上班的悠哉已被接二連三的解雇潮給嚇醒了。

之前，日本首相田中也曾因為節能省碳，呼籲上班族穿西服不要繫領帶，可惜三三兩兩敞領納涼的日本銀行職員和官員，彷彿衣衫不整的一群街頭浪人，活像被革職的狼狽而時興不起來，再次證明了西裝、襯衫和領帶「三位一體」的紳士陣容，不容動搖。

已60好幾的英國王儲查爾斯王子（Prince Charles），向來不隨波逐流，在一項紳士票選中擊敗美國總統歐巴馬（Barack Hussein Obama）、網球名將羅傑費德勒（Roger Federer），以及奧斯卡影帝安

德林布洛迪（Adrien Brody）等型男，獲選為全球最佳穿著男士。查爾斯王子的貴族形象應該要謝謝剪裁得宜的英式西裝，居功厥偉。

把穿著當成一種策略。「買少一點，買好一點」，經濟不景氣，這裡有個公式CPW（Cost Per Wear）「價格＋穿著次數＝單次穿著的成本」。把預算花在刀口上，集中火力，買一件令人驚艷或是有質感的單品，勝過照單全收。

「重複使用，更是一種品味的美德」。比如一套好西裝可以運用不同配搭，變化出因應不同場合的造型。「回歸經典，講究品質」。同樣的道理也適用於如何發揮創意，改變造型。「一物要多用」。絲巾、好看的Ｔ恤衫、復古牛津鞋、搶眼的配飾把簡單的舊衣服穿出新鮮look。

衣服可以一穿再穿；配件更要一用再用。為了滿足白天和夜晚，混穿功力很重要。我的經驗是，把重點放在衣服的質感。既幽默又奢華的袖扣、皮帶扣環、鱷魚公事提包和藏在褲管底下有趣的襪子；小地方變化是展示男性個人風格的捷徑。

近來秋冬男裝出奇的華美都應證了時尚界因應景氣的逆向思考：Prada男裝全副武裝，連襯衫上都布滿金屬扣飾；「不景氣，我們必須更小心地適當加入必要的華麗」；義大利Bottega Veneta以素淨簡約聞名，也提出用少見的漸層色回應男裝的奢華感當道；Dior、Jil Sander、Ferragamo和Burberry男裝，不論如沙漏狀、3D或剛硬的線條都定義了男性新的輪廓。

D&G和Gucci秋冬男裝分別為華麗時尚的勢力代表。D&G透過印花

的燕尾服及繡帷的編織細節向王爾德表示崇高的敬意；夜晚華麗的氣氛瀰漫著整個秋冬Gucci男裝，服飾上的裝飾運用得更多、更明顯。目不暇給的銀飾、項鍊及手鍊、綴滿藍寶石的戒指，反映出宛如電音舞台的效果。男人的皮帶、拉鍊上都可見華美的工藝裝飾。

西裝版型「小而方」的肩線，褲型窄管、打褶及低襠，並以絲質或皮質領帶引導出服飾整體風貌。膠質釘釦的漆亮皮提把蛇皮手抓包。綁帶靴、馬皮滾邊的尖頭漆亮皮便鞋綴有流蘇，另外還有幾何鏡面跟的牛皮晚宴鞋。

無論社會條件如何動盪，經濟逆境下，喜好時裝的族群依然願意花心思打扮，新世代的男性自然也不例外。80年代大墊肩、束腰外套又重現女裝，女人都期待「武裝」的魅力，男人又怎敢不對衣櫥裡的行頭，小心看待呢？

英文俚語說得好，「Get some work under our belts」。勒緊褲腰＝加油苦幹。愈不景氣，愈要穿得光鮮亮麗，尤其是如果你捲鋪蓋走路的那一天，奉勸閣下更要靠衣裝，打起精神，尋找另一春。

消費「經典」是道德的

Fashion 講究要快、要新、要突破、要顛覆、最好再來點 crossover，異業結盟的噱頭一直很有賣點。但是，面對不景氣，縮水的荷包哪裡禁得起春夏、秋冬、度假、早春和各種五花八門的限量訂製的時尚誘惑？

眼看另一個「貧富拉大」年代的開始，一切常規都亂了章法，很多人還是有能力消費，但無奈欲望硬是被迫打斷了興致；鼓勵消費拚經濟，是不是有點兒矛盾？於是一種長效型、抗跌型，甚至有增值空間的復古 style 重回「消費主流」價值。

時尚變得不再只是一味「求新求變」，人們回過頭去搜尋禁得起時代考驗的美學和風格，驀然發現「經典款」的價值。Chanel 的 2.55 鍊帶菱格紋皮包、Cartier 三環戒、Hermès 柏金包、Louis Vuitton 的 monagamo 圖案、Fendi 皮草、Prada 尼龍面料、Bottega Veneta 冬季大衣、Tod's 的豆豆鞋、Montblanc「雪花」鋼筆、Rolex 腕表、Ray-Ban 太陽眼鏡和 1873 年註冊專利的 Levi's 第一條官方認證 139 牛仔褲……信手拈來，時尚圈諸多「經典」貢獻，對社會和情感面至今都有著巨大的影響。

愈是不景氣，愈是有必要從投資性的眼光和策略去看待奢侈品。工業革命讓「精品普遍化」也使得時尚的工藝性正逐漸式微，附加符號性的名牌意義，充其量只是品牌的炫耀，不見得是絕對美學的範本。現在很多人只為了享有奢侈品，而非關美學價值和對工藝傳承的責任。其實真正的「奢侈品」是一種文化，也是一種美好時代的記憶。

1830 年煤焦油和橡膠混合製成防水布的堅固雨衣，套在深灰色西裝

外那件Burberry風衣、粗呢獵裝和威靈頓長統靴到喝下午茶，代表的是一種英式上流社會的「經典」。炒起二次大戰後，女人對「沙漏造型」new look熱情的Dior，請天后影星莎莉賽隆（Charlize Theron）代言的那支Miss Dior淡淡氣息，和Chanel重拍5號香水廣告，不也是男人和女人從氣味中找尋慰藉的經典情感。

奧黛麗赫本（Audrey Hepburn）卡普里七分褲、黑色高領毛衣和平底淺口鞋；葛麗絲凱莉（Grace Kelly）之於Hermès的凱莉包、黛安娜王妃（Princess Diana）拎起來叮咚作響的Dior黛妃包；但要說起創造「經典」的人物，非戴著特大號墨鏡的賈桂琳甘迺迪（Jacqueline Kennedy）莫屬。1996年紐約蘇富比春拍「賈姬」遺物，照片裡她戴著一串微瑕的珠鍊，因為「令人想起淳樸的60年代」的理由，最後拍品被費城富蘭克林鑄幣製造廠主人以遠高出原本標700至900美元的211500美元標走。

好貴的經典？過幾年總要被時尚圈拿來炒作，這就是所謂溫故而知新、舊瓶可裝新酒，寶刀不老的市場實力。50年代英國倫敦維達沙宣（Vidal Sassoon）以二點式短髮，強調刀痕的「鮑伯」頭、拜影集《霹靂嬌娃》裡的法拉佛西（Farrah Fawcett），70年代蜂巢式和蓬鬆而散亂的「法拉式」金髮當道，為何總是教人懷念？

手提包更是「經典不敗」。Gucci在湯姆福特年代創下用竹節作為皮包把手、Prada推出巔覆時尚圈的黑色尼龍背包，Fendi發想自法國麵包形狀的「貝貴提包」直到Chloé這幾年帶動的鎖頭包，數不清令人記憶猶新的「經典」，不景氣，名牌「創造」出的這些典範，不但創造了時代的記憶，更是品牌之所以能立於不敗的標竿和精神。

1953年電影中的馬龍白蘭度（Marlon Brando）一身皮夾克和摩托車造型對男性「搖滾」的啟示、憂鬱小生詹姆斯狄恩的叛逆扮相、007情報員龐德（James Bond）硬漢柔情的偶儻、約翰屈伏塔（John Travolta）油頭粉面扮起《周末夜狂熱》裡迪斯可王的「脂粉小生」，為男性賣弄彈力緊身衣短暫而俗麗的風潮；至於穿著 Giorgio Armani 軟肩西服的李察吉爾（Richard Gere）的銀幕形象，則為男人樹立了權力之外的風流。

美國設計師拉夫勞倫（Ralph Lauren）用馬球標誌樹立了屬於上流社會的 life style、神祕而多產的卡爾拉格斐繼承可可香奈兒（Coco Chanel），更是大賣「經典」的時尚界大哥大；為高級訂製服做全球巡展的法國一姐 Dior，不都是經典的贏家嗎？

我沒有 Hermès 的柏金包，但衣櫥裡那套遠赴倫敦 Savile Row 訂做的手工西服，一想到「可以傳家」就莫名興奮；經典西裝已不再只是穿在身上的衣物，而是我對工藝價值和手工技術的支持和堅持。如果過於受制於主流時尚品味和消費價值左右的「奢侈品」，恐怕就不能真正體會「經典」所在的價值了。

速食的年代，更教人想念起，對品質的考究和品味追根究柢的那根反骨的「經典」。

好一個「人生下半場」

合久必分、分久必合；人生是一場比賽，下半場才是輸贏關鍵？

等了20年，當我把電腦游標點了「傳送」，發出一封宣布，從今天起，以個人名義「掛牌上市」的告別信時；朋友回傳的簡訊笑稱，沒上櫃，哪來上市？

還有什麼比一待20年的上班族生涯的「投資」是最具說服力的上櫃準備呢？工作是為了什麼？離開固定的、安定的傳媒，不確定和不安全感的忐忑難免；面對全新的工作室，我其實並不想離開工作。我喜歡每天習慣性地打開電腦，喜歡和人群打交道、喜歡追求新事物，也享受新聞工作一鼓作氣的淋漓感，充滿變數，比起「朝九晚五」，的確挑戰，也是幸運。

八卦氣氛瀰漫的新聞圈，任何取材和手法都千篇一律的「娛樂化」，豎起耳朵、使出渾身解數「扒」出名媛、闊太們，三姑六婆、論長道短的外遇緋聞、敗家手筆和攀龍附鳳術的爆料才是「好料」，離題？不重要，只有跟著羶色腥起舞的收視率才是王道。

人之於工作，有時很矛盾。沒工作、沒有動力；有工作，又挑三揀四。但工作有時候能轉移注意力，讓人集中心力，忘卻無邊的紛擾；或是成就中找到安慰和尊敬。期盼工作中那一丁點兒的意義和價值，不能是奢望吧！

嚴格來說，我的工作經歷「平凡」得可憐，不像有些應徵者洋洋灑灑的履歷表；但慶幸的是，從電台播音員到雜誌社再進入傳統報社，千山萬水、土洋開葷，新聞工作還真是開了不少眼界、長了見識。

周遊全球各大秀場、周旋於名牌、名模和名流之間，更不要說親嘗奇珍美食、入住頂級會館；上山下海，無奇不有的行程、採訪；從空中私人包機、地中海上豪華遊艇、歐洲東方列車到南非酒莊；從布拉格火車站到柏林美術館、一票難求的梵蒂岡 Valentino 大師高級訂製服盛宴；從北京紫禁城裡到米蘭 Dolce&Gabbana 的花園，過往如煙的美景、奇人、鮮事，才是我最傲人的履歷表。

與其說記者的優越感和小小特權，不如說是享有我幾乎無法用薪水負擔的美好經歷。或許，沒有人可以有資格像我一樣，大言不慚地見證何謂「樂在工作」。

世界上沒有尊貴或低下的行業，只有適不適合、喜不喜歡的選擇。久別重逢的同學會上被小學同學笑稱：「小時候常亂編故事的傢伙，長大當記者。」一點也不令人意外。我也曾經對工作抱著疑慮和徬徨，離開學校，當了幾個月到處碰壁的無業游民；所幸老天賞飯吃，考上電台，5 年關在錄音間，只聞其聲不見其人「隱姓埋名」，最後決定選擇跑新聞和人群接觸，一頭栽進報社。

事少、錢多、離家近。捫心自問，中了樂透，一輩子不工作，會比較快樂嗎？至少我還沒嘗試過。但，究竟是為了生活而工作，還是為了工作而存在？

工作，教人又愛又恨。但喜悅和哀愁，全在一線之間。「即使迷茫，也不要停歇地動起來」，日本漫畫改編的日劇《工作狂》中所謂的「工作」，用盡自己的勞動去維持生計。這種充滿「清教徒式」的工作態度、一切以工作為生活重心，真的有意義嗎？

醫學對「工作狂」並沒有明確的定義。不過，總是匆匆忙忙；凡事慢不下來、說話會越說越快、常打斷別人、受不了動作太慢、不管別人感受、對於一些有趣值得花時間享受的事情，並不太注意、無所事事幾個小時或幾天時，會有莫名的罪惡感，常以成敗論英雄。如果你和我一樣，也出現這些情緒上的「症狀」，恐怕離工作狂就不遠了！

拜手機、電腦、網路跳躍式的發展，徹底改變了現代人的工作模式、效率和方法。80年代工作至上主義不但把精力燃燒殆盡，重要的是，也沒變成贏家。希望工作中增加一點樂趣並不是罪過。未來，全球化的職業觀將是，隨時可以辭職、但也能立即上線，重新啟動。

無所事事、閒晃終日，只有工作才是「救贖」的年代結束了。快點做完、迷失在工作的忙碌中，甚至不能選擇地盲目完成，將不再是奉行不渝的工作哲學。態度是積極的、行事是從容的、選擇自己喜歡的工作內容和工作模式。「人生值得浪費在美好的事物上」廣告詞變成工作準則的slogan！

回首過去，上半場，賣力有餘，精采不足，下半場，因為做自己，「工作」變成生命中最美好的風景。

人生逸樂帳單

來日不多，你手上有沒有一份尚未完成的人生清單？每個人的答案，肯定不同。也許不到最後關頭，很難列出真正的優先順序？年年許願、常常立志。真的問我，純粹為了人生享樂而動念的這份昂貴的、難得機緣，還得有點運氣和膽識，才能完成的「富豪」清單，其實有一半以上都還沒個影兒。我無意鼓勵非得花錢擺闊，只是期許對花錢的品質要有點「品味」。

人生有夢才美，但妙的是，過程往往比結果更重要。當然，一旦完成心願的那一刻，還是教人直呼過癮。那一年實現了去倫敦量身訂製西裝這檔子事兒讓人恍然，原來執著，甚至有點兒沉溺某件享樂的專注是本性使然，從身邊這麼多，而且不乏陌生人的共鳴可以得到鼓舞。Bespoke suit訂製西服對我來說，像打開自我享樂的一扇大門。自從門開了，彷彿靈魂也開了竅；去日本拜訪手造賽璐珞鏡框的老師傅、披著四股紗的喀什米爾圍巾在冬季布拉格跳蚤市場尋寶、專程到澳門大啖法國五星級的白松露大餐；坐在倫敦哈洛斯百貨體會白酒配生蠔的皇室午餐、爬上雪梨市的大鐵橋、登上紐約帝國大廈、親臨南非聖地「桌山」攀頂，當然，從兩千呎高空跳傘的經歷，我都豁出去了。

站在「好望角」海岬燈塔眺望地球最南端，和夜宿歐洲東方快車私人臥鋪，一樣過癮；在巴黎鐵塔裡用餐、花七天騎鐵馬走過「黃金海岸」、三月天，參加歐洲上流社會的私人賽馬會；從容地現身「雪樹」伏特加酒瓶上畫著的那幢「波蘭官邸」裡品酒、受邀柏林美術館裡就著「馬雅文化」遺址享受時尚盛宴；飛到羅馬成為義大利時裝大師范倫鐵諾（Valentino Garavani）退休前轟趴的貴賓、看過漫天飛花的Chanel高級訂製服大秀，甚至比看紅磨坊女郎上空秀還要過癮。每完成一項清單上的富豪體驗，就更發現hand made「手工打造」的

美妙,和挑戰極限的快感。身為富豪既要懂得花錢的藝術,也要有一擲千金的學問。懂得操弄欲望是一種學問,作為風格和品味的信仰者,道地「英國製」的手工縫製西裝固然絕對是人一大享樂,但起了頭,就不能忘了腳。為了精確量出私人專屬腳型,直接將鞋模從腳面上切開來檢視的量製過程,強調全手工,先量腳型,再開出個人鞋模,等半年確認穿上腳的舒適度,從開模到製作,至少要等上一年,這雙鞋才能上腳。我去過Ferragamo弗羅倫斯總店的訂製鞋工坊,心想,什麼時候我的腳丫子也能和奧黛麗赫本並列在超級檔案中。

旅行,有了Rimowa鋁鎂合金行李箱還不夠,非得來只赫赫有名的Louis Vuitton或Goyard遵循古法以白楊木為硬箱的個人配備不可;它至今仍保留傳統獨家工法,且可以接受私人需求量身訂製。也許用不著和多少名流、影星和富豪,為了專門儲放餐具刀叉、珠寶、樂譜、帽飾,甚至私人物件比美,但硬殼行李箱訂單,保證讓手上的奢華清單拿出手,不會漏氣。

埃及「金字塔」的神祕來自生死之門前的兩個問題,「你一生曾真心喜悅過嗎?」「你曾帶給別人真的喜悅嗎?」可不是嗎?人性追求轟轟烈烈的狂歡、放蕩和出軌,但少有人膽敢大剌剌地列為人生志願。也就是因此如此,才更要把願望,拿一支筆,寫下享樂清單,不要猶豫,品嘗人生,趁早最好。

奢侈的本質

為了採訪中國鋼琴家郎朗，特意把收在抽屜裡好久沒動過的那支筆
桿是黑白鋼琴鍵盤的「卡拉揚」Montblanc 鋼筆，小心翼翼地帶在身
上。重新握著鋼筆，不同於電腦鍵盤「打」出同一個模子字體，一筆
一劃的情感和溫度又回了魂。

打電腦和用筆寫字，一快、一慢；一個複製、一個自我；前者制式
化、後者展示個性；正好點出了未來「奢侈」的定義，不再是論斤論
兩的價錢，認知並享有真正的品質，或許才是消費的新趨勢。

金融海嘯衝撞，消費行為出現了「質變」。財富縮水，花錢的態度趨
於謹慎，「價錢」和「價值」之間的平衡，不再是口號，而是被消費
市場真正「檢驗」的賣點。

一切回歸「根本」的年代來臨了。工藝傳承和歷史血統成為精品翻
箱倒櫃的保衛戰。幾股紗的喀什米爾（Cashmere）、正宗祕魯保育
科的駱馬毛（Vicuna）、哪裡養殖的鱷魚品種、珍奇野放的栗鼠、紫
貂……絲綢、水牛角、竹子、玉蜀黍等天然材質和賽璐珞、陶瓷微
粒、壓克力、橡膠、萊卡纖維、鈦金屬、人造化纖、防彈塑膠……在
奈米、雷射科技的加持之下，一連串結合人類智慧的結晶，形成時尚
材質日新月異的突破，不但改變了奢侈品的面貌，同時也提供時尚圈
更多元的表情。

「面料」是時尚很重要的靈感之一。20世紀30年代以前，棉花、亞
麻、羊毛、皮革和蠶絲，全是天然織品的天下。一直到1939年尼龍
問世，好萊塢電影《畢業生》達斯汀霍夫曼（Dustin Hoffman）兩眼
發直看著女主角那雙套在透明尼龍絲襪裡的修長美腿，怦然心動的那

一刻起，由美國化工公司杜邦（Dupont）偶然發現煤焦油、空氣和水的混合物在高溫熔化後，可以拉出一種堅固、耐磨且纖細細絲的發明成就了時尚史上第一次重大面料的革命。命名為 Nylon 尼龍，因為實驗室裡有美、英技術人員（ny 是紐約、lon 指的是倫敦）。

尼龍面料的誕生，取代過往天然材質，一躍成了性感新武器。尤其二次大戰爆發，尼龍被徵召成降落傘等軍用品，因為物資短缺，造成尼龍絲襪搶購。1946 年一項針對女性的調查中發現，當時三分之二的女人最想要的就是尼龍絲襪。

隨著大戰結束，功成身退的尼龍，正式成為時裝界的新歡。1959 年尼龍又創出 Lyca 萊卡材質，更輕、更富彈性的特質，使尼龍絲襪正式走進彩色世界。至此，也鼓動了時尚圈對面料突破的興趣。義大利名牌 Prada 不正是拜黑色尼龍背包之賜成就今日的時尚霸業。

30 年代，皮草飽受保育人士唾棄。當時激進的保育人士當街向穿著皮草的人潑油漆。隨著 90 年代故意染成粉紅、鮮黃和淡紫色的假皮草方興未艾，但時尚終究抵不過天然、原始質地的誘惑，雖然飽受保育人士抨擊，真皮草很快戰勝了人造假貨。

毛皮為例，依珍貴程度的市場排名依序為栗鼠、貂毛、狐狸、最近常見的海獺、羔羊、狼毛、馬毛和大眾化的兔毛，如今連孔雀羽毛都躍上流行舞台；皮革類則以天然紋路取勝的鱷魚、鴕鳥、蜥蜴及蛇皮大受名牌重用；偶爾可見的是鹿皮、羊、牛和豬皮，鰻魚皮則是這幾年嘗鮮的名牌用在鞋、包等配件的新品種。

根據北歐皮草世家協會（SAGA）公認，每平方公分5美元的鱷魚皮計價方式推算，Céline鱷魚皮裙151萬、Hermès取五隻鱷魚皮拼成的皮夾克定價138萬元；更不要說Club Designer打造出百萬元「打了肉毒桿菌」的鱷魚皮包推出後全都銷光，可見時尚圈對面料的考究成為奢侈的新定義。

掛保證的喀什米爾專家Loro Piana，一套每年只夠織成50套西裝的超級羊毛料要價15到22萬港幣，單件駱馬織成的毛衣，吊牌上71300港幣也令小市民咋舌！景氣不好，為何Loro Piana還能開出如此標價，有錢人為什麼埋單？

動物品種天然纖維的保暖度和織造手法是決定面料價位的關鍵之一；Loro Piana選取平均每根只有11.6～11.8釐米的羊毛（人髮每根約30釐米）織成的西裝面料，既輕又暖，又兼具挺度，穿過很難不上癮！

1812年起全力投注喀什米爾織造的義大利品牌Loro Piana號稱最昂貴的駱馬毛織品，一枝獨秀。這種僅產於祕魯高原上的天然動物數量稀有且只能野放，透過和祕魯政府有計畫的育種，平均每兩年才能取毛一次，而且只能用「刷」的，不能用傳統剃的方式取毛，因此每次僅250公克的量，使得Vicuna織品貴得有理。

此外，取用3到12個月的Baby羊隻毛絨織成Baby Cashmere也是獨霸時尚圈的珍貴織品之一。近年從毛織品拓展到居家用品，滿足頂級客戶life style之需。

雖然時尚圈吹起「回歸本質」，但是，在21世紀尖端科技的協助下，

一種微壓縮面的太空織品，甚至能被皮膚「吸收」。使得這種含有從海藻裡提煉的維他命，或是富含香氣、抗菌的面料，甚至穿在身上能調節溫度或充當微型健康監測器的面料，不再遙不可及。

根據加拿大皮革協會調查，北美地區被用來製作服飾的動物只占了被吃進肚子的動物的0.25%，更何況被人棄養的動物更遠超過這個數字。姑且不論這個答辯能不能杜絕保育團體的撻伐，但可以確定的是，大自然禮讚的「奢侈」，永遠不是人造所能取代的！

關乎「頹廢」之必要？

秋老虎還發著威呢，情緒卻跟著季節多愁善感起來。去了上海，見著多年不見的朋友，「嘿！好傢伙，人都變樣了，搞頹廢！」頹廢？這原本好像不屬於我的風格字眼怎麼也被人貼了標籤；同樣在一次小學同學會場合被笑稱，「那個蓄小鬍子的，是以前班上坐前排，老愛找人講話，調皮搗蛋的小胖子嗎？」

別人的話可以不當真，久久未見的好友和小時玩伴，一語驚人。我究竟是那裡變了？愛上一道菜可以一吃十幾二十年不變、回家從來都沒想過更換路線的「金牛」個性，怎麼會在這個節骨眼兒轉彎？

與其說「搞頹廢」，不如說是境由心生，情緒到了，人的樣貌和心情都會跟著轉化；說得更白一點，頹廢對我來說是一種了然的放鬆和成熟的催化。「真實面對自己，和優缺點和平相處」。凡事不必按表操課，一絲不苟的專注，不是不好，但是偶爾學著真情流露更妙。穿戴不必非得工整、吃喝談笑更能盡興，終於過得自由自在。當然，髮型換了樣、不自覺地蓄了小鬍子，大多數的人是對我外在的改變，作為「頹廢」的線索。

頹廢，一詞源自於拉丁文的decadentla。原指的是「沒落、衰敗或墮落」，特別是在道德、文化和藝術方面的一種習性。但再深究其中，頹廢的哲學基礎應該是叔本華（Arthur Schopenhauer），人生沒有特定目的，不以世俗的價值為價值的「虛無主義」；或是尼采（Friedrich Wilhelm Nietzsche）大師的「主觀唯心主義」，意指心靈活動才是人類存在的僅有價值，物質是毫無意義可言的。

Grunge、grungy、decadence都是可以解釋「頹廢」的時尚字彙。流

行界常年把「復古」擺在嘴邊，設計師也宣稱從不同舊年代汲取養分。時尚圈的頹廢是從富裕而生。深受60年代嬉皮、龐克運動的影響，不修邊幅或許也是對奢華的反思、對工業革命後大量機器製造的一種反動。於是「頹廢」是建立在激情、反叛，與徘徊極簡主義（minimalism）邊緣的另類街頭風。

「頹廢」原生的年代，正是全球瀰漫在美蘇兩強主導登月競賽的60年代，一切向「未來」看齊。科技感十足的質材，PVC塑膠製品、尼龍大行其道。反其道而行的自由頹廢初次萌芽，最後，居然在放蕩不羈的嬉皮手裡躍上主流，其深遠的影響力一直到今天。

頹廢不僅是一股風格潮流。更可貴的是，它鼓勵了追求自由和尊重自然的態度。對我來說，倫敦的魅力有很大一部分是來自「頹廢」的跳蚤市場。破舊的牛仔褲、看起來笨重的大頭靴和法蘭絨英式格紋襯衫，給頹廢打幾分？90年代初的頹廢，多了一點「傷痕累累」的激進。金屬掛鍊皮夾克、反戴的棒球帽更顯三分頹廢。也有人說，一雙靴型鞋更是街頭打扮之必要。

想穿出一點頹廢感，織材會說話。天然棉、麻等材質讓衣服紋路、線條自然呈現。不拘小節的天然感，手工蠟染、拼接後再重染，顏色斑駁的飽和，讓視覺多添人味，觸感增一絲溫度，應該就離頹廢主張不遠了。

正當道的復古叛逆，骨子裡流著「頹廢」血脈。融合華麗和兼具街頭感的龐克；手感工藝質感和高科技織品，加上混搭，誰說頹廢不能和優雅並存，新潮與經典的衝突，反而賦予頹廢新的時代定義。

袁青時尚學

重新詮釋「頹廢」的風格，讓人另眼相看，難怪成了時尚圈裡的「顯學」之一。頹廢，代表不刻意營造、非制式，欣賞手工不完美的自然美學態度，也藉此更能突出個性。真實，一點也不虛矯。因為接受不完美，才是真完美。

可以肯定的是，頹廢這玩意兒，絕非區區幾根鬍渣子，或是幾分慵懶神情所能解釋清楚。打心底兒對事情的練達和成熟，學著和自己的靈魂相處。「頹廢」應該是什麼樣子？慵懶、放蕩不羈、散漫、精神委靡？還是優雅、雍容、閒適、不拘小節呢？或根本是一種無可救藥的「逃避」？有一天驚覺頹廢已經悄悄地住在你的身體裡，那就是發散不著痕跡性感的最佳狀態了。

黑色是一種策略

日本暢銷作家村上春樹的書《黑夜之後》（*After Dark*）離奇、陰暗、虛幻和希望的邊緣人生都來自黑夜之後的想像；白晝永遠不懂黑夜，人生就怕是黑白的。小時候怕黑，長大了還是對黑有一種敬畏的距離感，喜歡看別人穿得一身黑，但是，因為不想裝酷，倒是從來沒有試過全身包裹在黑色中的張力。但是每次服裝設計師謝幕時，最愛穿的還是黑。理由是每天接觸太多色彩，不想為穿著花太多時間，原來，黑色是最安全的色彩。

說起黑色，不能不提 Chanel 的可可香奈兒對黑色的推崇和平反。20年代以前，黑色淪為喪禮和修道院的制服，總是在憂傷和清修中低旋，諸多受限，登不了檯面。沒想到天生反骨的她力排眾議，獨鍾黑色，結果不但讓黑色成了人們衣櫥裡不可或缺的色彩，更以低腰、鬆身和直筒的黑色洋裝 blackdress 搖身變做世紀經典之作，這件洋裝早已超過80週歲，對 Chanel 來說，黑色魅力果真是無所不在。

黑色的性格跟著民族人生和文化背景而改變，黑色的神祕感在東方尤勝一籌。80年代崛起於國際舞台的日本三大設計師，三宅一生、山本耀司和川久保玲　幾乎都是黑的信徒。敝貼上空靈、禪意標記的日本服飾，黑色扮演了重要的角色，尤其是那雙東瀛忍者般沉默的黑色膠鞋，彷彿註冊商標，一步一腳印走出屬於日本人的黑色哲思，天性狂野的義大利人顯然對黑色有不同詮釋。

黑髮、翹臀、扭腰，渾身黑得啵亮的「黑珍珠」娜歐蜜坎貝爾（Naomi Campbell），是80年代叱吒風雲的名模。至今黑色性感身影仍是國際天橋上的當家花旦，和北非有一段淵源的是時裝設計師聖羅蘭（Yves Saint Laurent），是在秀場上起用黑人模特兒的重要人物。

自此，黑美人得以和金髮碧眼的洋妞相庭抗禮，成為伸展台上的另類風景。同樣獲得黑珍珠美譽的還有番紅花精、松露，並列世上三大真奇食材的魚子醬，這種據說得配搭波蘭或蘇聯伏特加酒的珍饈美味，先不論滋味，光看盛在銀匙裡泛著銀黑色澤，並以盎司計價的鱘魚卵就已經很誘人了。因為翻「黑」才顯示出身價的還有加長型凱迪拉克和墨鏡。賈桂琳甘迺迪帶動了那種黑到看不見鏡片後隱藏著什麼眼神的黑色墨鏡，和黑頭車同樣成為名流字典裡必備的經典之一。

黑色的時尚地位不容動搖。16世紀中葉，清一色黑色袍服一直是當時領導階層身上唯一色系，奠定了黑色的社會地位，但直到20年代Chanel才鼓起勇氣正式把淪為喪禮的黑色收編成時尚流行。1950年代詹姆斯狄恩、馬龍白蘭度，因為黑色制服暗藏著性和暴力，使得白T恤和黑皮衣成為街頭人物的偶像代表，凸顯黑色象徵權力和叛逆的分明性格。一種未知的情慾魅力賦予了黑色天生的神祕，Dolce&Gabbrana心目中義大利西西里島女人的冶艷，不是紅玫瑰而是黑色的吊帶襪，可以獲頒最佳造型獎的義大利黑手黨暗藏性和暴力美學的大哥們幾乎和黑畫上等號，也是一項義大利重要特色。

黑色可以獨自撐起一片天，但也是其他顏色最佳的陪襯，不卑不亢地善盡紅花也需綠葉的責任。黑色浪潮的時裝界，企圖透過混合冷酷、神祕、邪惡、危險、憂鬱、權力、中性、未知、優雅、低調或性感等複雜的性格，反對經典的崇拜。如果爵士是藍調，黑色是獨奏，不必和弦花腔，始終雋永。我說，黑色是一種策略。

Party 不等於 Parking

Party 文化像煙火一樣，照亮了人類進入第三個千禧年的時空。不管是為了商業包裝，或私人的慶祝儀式，一夜狂歡的小小放縱成了現代人舉辦派對或參加派對最好的理由。

有趣的是，透過各種主題和形式的 party 文化操作，對國內時尚氣氛的培養也產生了功不可沒的一種刺激。特別是紛紛登台的各大精品品牌打著號稱「原裝進口」的開幕派對，或是巧立各種名目，甚至每一季的時裝發表秀也都刻意變成了熱鬧滾滾的派對。

其實不只是服裝秀、新開的餐廳、pub 和管他賣的是什麼，不知道什麼時候，台北也變成和紐約、巴黎或其他國際城市一樣，只要你願意，彷彿每天都有開不完的派對。可不是嗎？受邀參加派對在某種程度上也代表了你在時尚圈裡，展現人氣的一項重要指標。

不過，不論從單純受邀或是派對主人的角色，不知道遊戲規則，特別是為了某種目的或趣味而設定了主題的派對來說，不能配合主題的客人最是掃興；而不合場合、氣氛的裝扮和應對也可能是狗仔隊求之不得的八卦頭題。

有經驗的人，懂得運用派對造勢、拓展人際或是樂得放鬆心情；但是疲於奔命於各大派對之間，而被冠上 party animal 的也大有人在。其實進入派對文化的樂趣，除了個人情緒是否能夠融入其中，派對的主題是不是能和現場氣氛呼應、場地環境的新鮮度，包括食物、飲料和燈光、音樂和受邀的人選等因素都可能是影響派對的成敗。雖然還不至於每召必到，幾年時尚記者生涯的累積，倒還真是出入過不少不論場面、人物和主題都堪稱超級演出的國際大型派對，也逐漸從一開始

只顧著埋頭做筆記、搶鏡頭而弄得神經緊繃的菜鳥，到好整以暇地融入不同派對文化，真正enjoy party。

回想起來，這些分別在紐約上城區公寓裡、巴黎的黑森林區和賽馬場、倫敦一處古堡、米蘭的歌劇院、足球場、師尚大家Giorgio Armani和Dolce&Gabbana的住宅和私人花園裡、東京明治神宮內院、美術館、南非私人酒窖、峇里島露天海邊夜空下，盛大上演的派對，想到多年前Louis Vuitton為了旗艦店開幕，包下台北圓山飯店，從前一天晚上開始，直到隔天凌晨三四點，由免費雪茄供應到吃喝完現做的燒餅油條，東方肚白才依依散場，為台北派對文化立下標竿的這場派對盛宴，不但令人津津樂道，也算正式拉開了台北社交文化的序幕。

基本上，這些大大小小的派對可以分成兩大類。一種是私人派對，另一種派對則已經是一種時尚圈流行的商業包裝手法。尤其是國際精品動輒為了開店造勢或發表新裝，辦一場賓主盡歡的party，不但免費吸引媒體曝光，無形中也提供了時尚人大秀時裝的機會。不過，為了小心維護品牌風格和國際形象，時尚派對多半設有參加的門檻或主題，不是有錢有閒就一定能參加，而且挾著大名牌的知名度和灑錢的宣傳手筆，從派對場地的選擇、派對的飲料，食物、服務人員的挑剔一點都不能馬虎，更別說在硬體布置上的要求。

比如，Gucci每年的時裝發表會，幾乎就是一場國際派對的縮影。來自各地的名流、名模、媒體就足以構成派對的盛況，再加上連採訪記者都不惜排隊要求簽名合照留念的大帥哥設計總監湯姆福特，很可能隨時會出現在你身邊閒嗑牙的誘因，更讓Gucci的派對充滿時尚氣

氛。更別提該品牌不論在哪裡舉行派對,清一色透明容器、無色飲品、全員黑色勁裝的男性服務生和強烈的投射燈柱等絕無例外的派對守則,相信參加過的人,一定印象深刻。這也是名牌辦派對令人念念不忘的特色之一。

法國的 Louis Vuitton 和 Hermès 也是派對高手。前者手筆之大,無人能出其右,日前東京表參道全球大店開張,熱鬧滾滾地從七層樓的旗艦店內,到由包裝成 LV 專用巴士接送客人到包下東京美術館的第二派對現場,就連不到十分鐘車程的這段路上,宛如飛機頭等艙的待遇,每位客人拭汗的毛巾都有蘭花裝飾,更別說無限量的香檳伺候。現場布置成六個大景的區塊,連沙漠和駱駝都可以空運到現場。

有一年直飛巴黎參加 Hermès 每一年設定的時尚主題派對,一間又一間柳暗花明又一村的主題包廂,從嬰兒的胎音到古典樂器的演奏,設想周到而令人驚喜連連的現場布置,恐怕也只有 Hermès 才能數十年如一日,堅持辦派對的品質和用心。至於也是精品龍頭之一的 Cartier 也曾為了一場派對的主題,把骨董級的遊樂旋轉木馬直接搬到派對現場,成為令人難忘的經歷。

說起私人派對,參加過具有潔癖性格的處女座派對,大談心靈成長議題讓這場私人生日派對差點成了道德重整座談會。小型派對則讓我想起有一年,為好友結婚前一晚籌畫的告別單身派對,葷腥不忌的話題和狂飲,也是數得出來的經典 party 之一。

寂寞的紐約人對 party 十分熱中,各種理由和主題都可以辦 party。睡衣主題顯然不夠辣;「全身只能穿一磅重的衣服」的主題 party 你能

想像那晚的場景嗎？熟門熟路的紐約客朋友形容，開不完 party 的紐約人，每周五從晚上十二點混到隔天天亮，周六更瘋，真正的 party animal 總等到子夜三點才出門，不到野到第二天下午就太遜了！紐約許多 club 是「先敬羅衣再看人」，穿得太遜是進不了 party 大門的。

如果你問我參加過那麼多 party 經驗的心得，答案很簡單，不論男人、女人「聞」起來要 sexy，絕對是放諸四海皆準，進入 party 唯一的通行證。而就算進得門內，一個 parking「杵」在那兒的木頭人，也不可能點燃心裡的煙火。

咱們先約好下次 party，不見不散！

Part2

——

經典袁青

「你穿衣服？還是衣服穿你？」這句經典名句，到今天還是很適用。究竟照單全收的抄流行呢？還是仔細推敲好好學幾招型男養成術。談到穿著，顯然很多人，還是沒搞清楚什麼是造型，什麼又叫做風格。前者可能為了特定目的效果，而樹立風格則是表達「who am I」的方法之一。特別是對時尚有成見的男人、一路打拚的高階主管或是科技宅男們，忽略了門面正是社會對你的另一番評價。

如果你承認，裝扮自己是個學問，那只知一味複製、貼上，別人怎麼做，你怎麼仿，終有一天會發現，徒然迷失在物欲洪流中，卻仍沒有自己的格調。怎麼找到 style，必須靠了解自己和不斷嘗試，以下是我試著不落俗套的，為你找出確立風格的一些頭緒。

學會取捨，不盲從追求潮流。

第一件功課是不盲目地追逐新潮；當談到時尚，好像不把當季最 in 全堆在身上就會遜掉。衣櫃裡不時有些新鮮刺激的元素很棒，但經典不敗的風格才是王道！一味凸顯身材並非時尚。好比 skinny 的牛仔褲、窄到不行的領帶，很 hot，但不見得合適每個男人。特別是預算有限，更不必急著釘住 fashion show，反而該考慮甚至先把錢花在換個新髮型，也許更有用。

思考服裝比例的選擇。

若你的工作是需要常開會，如果沒有像樣的襯衫和幾條有型的領帶，反而衣櫃有一堆 T 恤就不合採購的原則。同樣是上班族，你有多少機會穿鉚釘夾克見客戶？這是第二課，購買前想一下，風格比例的選擇。週休二日，代表你那些很酷的衣服只有兩天能穿；有限的預算下，休閒類的衣物最多就只能占三成。不妨繞去平價連鎖時裝店尋寶看看吧！

選單品像談戀愛。

選擇時尚單品很像談戀愛，到後來發現，「不是找一個最完美的，而是找最適合自己的」。那些前衛特殊，作風大膽，可惜熱情退卻，一旦被打入冷宮，就成了一種浪費。

畢竟你不是時尚大腕卡爾拉格斐，也不是搖滾天王，有必要Chrome Hearts掛滿手，脖子上項鍊一條比一條重？「少，卻更好！」搭配原則也一樣，不是多件就等於有層次，這時候我並不鼓勵「數大便是美」，十指戴滿戒指，不會變成巨星，只會當你是俗夫一枚。

視場合混搭最高桿。

是否收到過寫著black-tie的派對邀請卡？照著dress code不但是一種禮貌，肯定不會出糗；如果硬要唱反調或想與眾不同，被擋在門外，可就真的再搶眼不過！不過，穿成一整套的時代過了，有必要提醒你，即使晚宴場合也不是runaway，需要「成套」的機會相對少，試試不同品牌的混搭，多嘗試不同組合，才叫做搭配。只是照單全收拼貼當季示範，最多也只是因為花俏而引起注意罷了。

評估採購優先順序。

評估採購的優先順序，不是説叫你買Tod's經典款，不要先搶Jean Paul Gaultier最新的剃刀鍊飾。知道優先買什麼，什麼是可以冷靜觀望的商品，要學會策略性的採購。衝動敗了一件Burberry鉚釘皮衣，而卻沒有基本款的風衣，你覺得哪件較能出門呢？或許更應該買件好襯衫，欲望清單的排列順序是減少衝動性購物的好方法。

Vintage復古不是老古板。

好吧，也許你不關心時尚，不在意潮流，不想和別人一樣。我不得不説，古著省了撞衫的危險，而且還有環保意識；但復古，不是完全仿照的copy，想表現出個性，有年代感的老靈魂是需要摩登的搭配組合，才能演練出適合自己的造型。

不要太用力。

美感不是「用力」就行的。頭髮亂一點兒、皮鞋不必啵亮、有些扣子索性不扣。有點隨興的look，帥就在這些不刻意的「缺點」裡。不必追逐完美，那是一場沒有終點的競賽。在時尚裡，認清自己的缺陷也許是最真實的一件事。當你照鏡子，試著拿掉一些東西，或許你能得到更多。

拒當流行受害者。

怎麼知道自己不是時尚受害者？學習有時從模仿開始，但不要走在路上像一群「複製人」？很多人著迷於大名牌的 LOGO；如果真的這麼喜歡 LOGO 加身，買件球衣豈不更醒目。

重點在於，了解自己的缺陷和優點，學會接受他們，然後隱惡揚善。抄只是有樣學樣；找到對的 style，逐漸轉化成自己的味道，就不會被時尚給犧牲了。

力求格調統一。

或許你整體搭配得很棒，但就是少了一點畫龍點睛的 key point；手上拿的包包，多加條圍巾、戴帽子，細節加總有助突出個人整體 look。「看起來好像很像」，但同中求異，明眼人會從單品和搭配的細節，發現你的味道。讓風格成為你的識別招牌，更具慧根，我承認這個最難，但格調就存乎一心。

自信是最佳招牌。

穿著得體又有型其實沒有那麼難，有些方法不需砸大錢，但重點是，你必須真正面對，甚至愛上時尚，男人也有追求風格的權利。這個 key point 再淺顯不過。如果沒有自信，就不會自在，再貴、再夯的服飾和配件都變得匠氣。愛自己、允滿熱情，別對人生太嚴肅，其他只是錦上添花，唯有風格是抄不來的。

風衣，走路有風

臨窗望去，一片欒樹，一夜間都「染」上秋紅。住在大城市裡還能跟著路樹轉換四季心情，只能說是一種幸福！說實在，亞洲多變的天候，風衣的實用性是衣櫃裡很值得投資的單品。風衣，既輕鬆，實穿又有型，但卻少見有人穿出風衣的瀟灑。

與其盲從，不如找對型。風衣，要的就是一副人高馬大的隨興自在模樣。有人擔心個子不高，不適合穿風衣，其實也未必，我的心得是，改穿長度蓋臀、膝上位置的短版，或是簡化式樣。比如，可以不見得非要肩帶、袖口束帶等「傳統」風衣的細節，甚至雙排扣和腰帶也可省，我有一件在倫敦買的 Burberry 風衣，連扣子都是隱藏式，只剩下連肩袖象徵的米色風衣，而 Giorgio Armani 藍色大翻領、雙排扣短版風衣，跟著我征戰大小時尚沙場，就一個俐落了得！

風衣，英文稱之 trench coat，也稱 rain coat，中文直譯為「風雨衣」或「乾濕褸」。1914年，第一次世界大戰，Burberry 的風衣正式成為英國軍方的指定裝備。Trench 一詞的中文解釋就是「戰壕」。顧名思義在又濕又凍的惡劣環境中，輕巧保暖透氣又防水，被軍人視為戰壕裡的救命裝備。一戰結束後，軍人退伍重建家園，將原來的軍用大衣剪短，方便日常穿著，不經意地將 trench coat 演變成四季可穿的時裝經典。

發展至今，trench coat 上的肩章、雙排扣、還有為了作戰需求，而加上了肩帶（用於肩章或是其他軍銜的配戴）可以放彈藥的金屬腰帶與 D 形扣環（用來放置某些東西，如地圖等），才開始有了現在的雛形。有趣的是，這些戰時風衣上功能性細節已成為 Coach、dunhill 和 DAKS 獨一無二的 style，更是時髦人士衣櫃裡必備的行頭。

風衣，被認為是英國最歷久不衰的服裝icon之一，或許這是因為英國總是陰雨綿綿，讓裁縫師們有了製作的靈感。然而，隨著時空改變，現在的風衣可不只是遮風避雨這麼簡單，成為時尚裡的經典之一。

多變的形象也是風衣風行不墜的原因。它可以看起來很smart，雙排扣，穿在一位成功的商人身上；大銀幕上不論黑幫老大或是大偵探也都會有一件風衣當行頭。好萊塢明星呼風喚雨的本事，經常藉由風衣創造經典形象。80年代末，香港電影《英雄本色》，風衣把「小馬哥」打造成那個時代的男性代表。很難想像，如果沒有了風衣，小馬哥雄風何在？

同樣是風衣，穿在電影《北非諜影》（*Casablanca*）和《第凡內早餐》（*Breakfast at Tiffany's*）中英格麗褒曼（Ingrid Bergman）和奧黛麗赫本身上的風衣，前者，雨中的風衣回應了女性對愛情的灑脫；奧黛麗赫本的風衣則是婉約的化身，穿上它吧，體驗屬於時代的風情。

這件原本是牧羊人或是軍人在野外、戰壕裡為了耐磨、擋風雨的長袍，變成了21世紀時尚造型，不論穿出smart形象的哈里遜福特（Harrison Ford），或是罩上一件Burberry的布萊德彼特（Brad Pitt）在電影《瞞天過海》（*Ocean's Eleven*）中型男身手，在在令影迷尖叫不已的還是風衣。

有兩個品牌宣稱它們發明了風衣，一個是Aquascutum，邱吉爾（The Rt Hon Sir Winston Churchill）、卡萊葛倫（Cary Grant）、洛琳白考兒（Lauren Bacall）、米高肯恩（Sir Michael Caine）等人都穿著它出現在鎂光燈前。另一個當然非Burberry莫屬，從亨佛萊鮑嘉（Humphrey

Bogart）到奧黛麗赫本，在《北非諜影》與《第凡內早餐》中留下的倩影，都令人印象深刻；幾十年後，大衛貝克漢的兒子羅密歐（Romeo Beckham），成為新一代Burberry代言人，不論年齡，年代，風衣適合男女老少，誰都不能錯過風衣的風格。

最經典的雙排扣風衣留下許多識別元素，包括正面有十顆扣子、手腕帶、寬翻領、連肩袖等等，而最正統的風衣是卡其色。19世紀70年代發明這種防風擋雨、透氣、輕身又堅韌的Gabardine「軋別丁」防水密織斜布料的設計師Thomas Burberry，若是發現他的發明讓多少都會男女如此有型，地下有知，真要笑開懷了。

我的 Bespoke 西裝

點一杯香檳，把電腦安置好，準備幹活兒了。不過，這次不同以往的是，這裡既不是咖啡館、也不是堆滿資料的工作室，而是三萬多呎的高空。

我也是第一次在飛航商務艙裡寫作，如果不是一屁股稿債，我還真不想如此糟蹋了好不容易擠出幾天給自己的假期呢。

一個人飛到倫敦去度假，聽起來有點奢侈，不過，如果再不來倫敦 Savile Row 把我生平第一套 bespoke（手工量身西裝）最後一次的 fitting（試樣）搞定，可能連訂金都要泡湯了。

「你有去英國訂製西裝？」周圍朋友在派對場合都會在耳邊咕嚕幾句，關心這套男人一生難得擁有的「夢幻逸品」究竟長成什麼樣子。

話雖如此，想到再過七、八小時就可以在倫敦再次看到它的心情仍是興奮得很。

萬萬沒料到和 Gieves & Hawkes 預約試裝的倫敦居然下起大雪，出門前為了穿什麼猶豫再三。穿 Jil Sander 的長大衣、還是套上 Zegna 的新獵裝？最後為了不讓 Savile Row 店裡的西裝高手看扁了，最後決定還是不畏風雪穿西裝去試衣。

這是我第三次登門到 Gieves & Hawkes 倫敦的總店。街上行人不多，安逸地夾處在 Bond St 之間的 Savile Row 鬧中取靜，更像守護著英國紳士穿著風格的最後一道防線。Gieves & Hawkes 旗艦店挑高的大廳內裝一如英國大戶人家溫暖、古典而舒適的客廳，壁爐裡生著炭火的

試衣間已為我準備好 fitting。

老實說，第一眼看見在不同部位、貼滿了不同材質和縫線針腳的 fitting 西裝大樣，老實說有點慘不忍睹。

袖口別著當初下訂時，倫敦 Gieves & Hawkes 第一把交椅的量身師凱塞琳替我鉅細靡遺記錄各處身材尺寸的黃色訂單的大樣，因為滿是縫線和布塊，彷彿動了整型手術的傷患，拆掉紗布之前的慘狀。

金髮的裁剪師凱塞琳笑容親切，她請我站在萬花筒般六面都是鏡子的試衣間，但是顯然她並沒有多看一眼我身上的那套新西裝，反而開玩笑地說，「你居然沒穿襯衫就來試西裝，」她一面替我張羅襯衫，一面笑著數落我。

只見凱塞琳繞著我身上的大樣，邊走邊看，嘴裡念念有詞、手裡更忙著這裡比一下、那裡又扭一塊地，好像嫌棄得不得了；心裡正納悶是不是一年不見我是胖了還是那裡不對稱，讓她不下手試樣？

基本上，手工量身西裝一旦確定了布樣和款式之後，接下來要經過試樣 fitting 過程，專屬的裁縫師會依照套在人體的這件大樣再作最後修正。

傳統英式西裝來自軍服，因此一切會以英挺為主，換句話說，特別強調胸部線條，而合腰和衣襬開單或雙衩更是基本要求。

凱塞琳補充說，傳統英式西裝雖然不像義式採圓肩，或是法式強調大

墊肩，但為了突出手臂和肩部線條優美，rope 像塞了一根「繩索」般微微隆起的肩線也算是英式西裝的特色之一。

凱塞琳順便瞄了一眼我的胸部說，其他還好，就是肩太斜，而且以我的身高，胸部似乎有點大得不合比例。

「你確定手機是放在左邊？而票袋和筆袋則在同一側？」凱塞琳校對量身單上的紀錄，同時和我將實際需求再做最後一次確認。我花了點兒心思，最後選擇了手工細節的滾邊式西裝內裡，心想，帳單可能又要多一個零，最後紫色內裡配銀色滾邊內裡，搭配黑色細格紋的西裝定案。

「名字繡在左側內袋旁；噢，袖口袖子要開成活扣眼。」我小心地叮囑凱塞琳我的英文名別弄錯了。通常只要是做 bespoke 的客人的打樣紙版，都會一直被留在 Savile Row 總店的地下室裡。至於會保存多久？Gieves & Hawkes 高級經理說，「一直到客人再回來訂做的那一天吧。」

起跳價格約 3000 英鎊，看似困獸猶鬥的 bespoke 手工西服，或許沒法贏得眼前這場成衣競爭，但從長遠來看，英國成衣工會裁縫必須遵守「一套 2 件式的訂製西裝得花費至少 50 小時的手工完成」的規定，而從剪裁起至裁縫完工，碳排放量幾乎是零，符合多項環保規章和歷史傳承。

我相信 Savile Row 絕對站得住腳，取得最後優雅的認證。

一想到我和英國王子的西裝版樣一起擠在倫敦 Savile Row 街上，在 Gieves & Hawkes 小小的手工西裝製衣間裡就不禁笑出聲來。

我在家裡的衣帽間，那件一來一往，花了數萬里程和好幾個零的帳單的手工訂製西裝，老實說，沒亮過幾次相，但卻已夠我回味一生了！

「一生值得拜訪的 Savile Row 街」，我還會再回來。

襯衫＆袖扣

這幾年，我盡可能地提醒自己少買襯衫，但是，卻為了袖扣，還是硬《一ㄥ了不少襯衫，尤其是袖口反褶，必須配襯袖扣的襯衫。

面對衣帽間，一整排從白到灰、米、淺綠、粉紅、淡紫到各種藍色，此外，條紋的、格子的、印花、有荷葉邊、八字領的、窄領口、直身的、抓了腰線的、可以不必紮進褲子裡的沙龍襯衫、黑色扣子專供禮服用的白襯衫；但是，還是覺得配上袖扣穿的反褶袖襯衫最有氣質，也最有派頭。

說到分量，襯衫在服裝的語彙裡是「中性的」。男人和女人的襯衫基本上，除了左右扣位不同之外，並沒有太大的差異。但也因為襯衫如此平常，要想穿出味道，難就難在「同中求異」的本事。男士對襯衫和西褲的要求不多，而且也不會出大錯，所以就更談不上搭配，怎麼穿最安全不過，最好是不必花心思搭配的白襯衫和黑長褲可以連續穿上一周、一季，也不厭倦。反而有顏色的襯衫賣不動。

「情人的黃襯衫」是有顏色的；回想一下，總是在大銀幕上扮演正派角色的哈里遜福特多半穿的是藍襯衫，義大利黑手黨大哥穿著大翻領的黑色襯衫才夠酷？西式婚禮也只有白襯衫，有荷葉邊的那種和繫著領結的新郎最速配。除此之外，男人的襯衫真是平凡、基本得可憐。

衣櫃裡藍襯衫，幾乎快占了所有襯衫的一半，這個現象是去了趟巴黎之後才有的轉變。當我站在巴黎一家專賣男襯衫的老店裡，被眼前襯衫的各種藍色完全吸引住。水藍、淺藍、寶藍、天空藍、海軍藍、嬰兒藍和標準的「法國藍」，再加上因為藍和其他顏色的組合，誰說襯衫無聊、單調。因為染色，甚至紗線織數而變化出各種深淺的藍，整

整一排，由上到下，店員必須用梯子才能為客人取貨的各式藍襯衫，我整整穿了一年藍襯衫，好像天天在巴黎。

「老天！你把襯衫上的縐褶燙平了！」這樣的災難不見得只會發生在三宅一生襯衫上。當我看到洗衣店把才穿過一次 Jil Sander 胸前順著扣位故意做出細褶子的襯衫被燙平的心情，真是又氣又好笑。很多人，包括洗衣店都太低估男人襯衫的變化和設計了。

在襯衫上故意局部抓褶是一種，Gucci 強調肩帶的襯衫有點軍裝的調調，Ferre 的襯衫袖子可拆，Vivienne Westwood 男襯衫喜歡用彈性布料，Dior 左岸系列為男性襯衫注入一點趣味，白色棉質的襯衫不同位置，繡有一隻黑色蜜蜂，令人莞爾。Prada 用編織法讓男襯衫上的千鳥格紋有了立體感，更不用說 Donna Karan、Paul Smith 和 Giorgio Armani 在襯衫織布質感和花樣上細微的改變，讓人忍不住一再擁有的衝動。

與其用設計讓男襯衫有變化，想要讓一件普通襯衫表現「同中求異」效果，袖扣的魅力迷人。剛開始接觸袖扣是因為 Giorgio Armani 襯衫，袖口本就附了一對像中國結的絲質袖扣，看著露在西裝外套袖外，襯衫袖口的袖扣，忽然發現紳士品味的樂趣。

袖扣像一對雙胞胎是襯衫的哥倆好。硬式、軟式（扣鍊）袖扣，金色、銀色是基本配備；Louis Vuitton 每一副袖扣都會附贈一個皮質護套最物超所值。Paul Smith 有一系列英文 26 個字母排列的袖扣，你可以選擇名字的縮寫，黑底白字的袖扣彷如古老打字機上的鍵盤，十足幽默。

有機會採訪設計師皮爾卡登（Pierre Cardin）本尊，臨了發覺他的袖扣居然是不成對的，順口一問，大師當下送我一對金色海馬頭的袖扣。他的解釋是，穿衣服要找點樂子，誰說袖扣一定要成對呢？

我喜歡白襯衫的挺、藍襯衫的法國味、花襯衫是Paul Smith的象徵、條紋襯衫代表校園風，但是，配上袖扣的反褶襯衫，則讓我化身貴族，看見了社會地位的識別和帶著炫耀的考究。

引經據典穿背心

天微涼，衣帽間裡悶了一季的背心嚷著要出櫃。這幾季復古風吹得嘎嘎叫，連帶勾起對好萊塢熟男一身三件式西裝的古典派頭。西裝裡加了件小背心，保暖倒其次，因為穿搭有了層次，尤其有男人味道。

提起背心，源於漢朝。漢末劉熙在《釋名‧釋衣服》中稱：「裲，其一當胸，其一當背也。」裲者即背心。中國魏晉南北朝時期的「裲襠」可以說是中國背心的雛形；敞領、無袖、束腰衣，仿自漢代的裲襠鎧，取其「當背當心」之意。

引經據典，由此可見，至少在2000年前的漢朝，咱們就有背心面世了。減其袖謂之半臂，今背子也，隋始製之。今俗名搭護，又名「背心」，看來唐高祖李淵，應該是中國史上，背心的積極倡導者。

北宋大文豪蘇軾尤愛穿背心，「東坡自海外歸毗陵，病暑，著小冠，披半臂，坐船中，夾運河岸千萬人隨觀之。」得罪朝廷被貶謫到常州歸途中穿的還是背心。無獨有偶。宋施德操《北窗炙輠錄》卷下也提到：「王沂公在太學讀書時，至貧，冬月止單衣，無綿背心。寒甚，兩兄弟乃以胃相抵，晝夜讀書。」

及至清朝時有一種「軍機坎」稱之為「巴圖魯」坎肩，巴圖魯是滿語「勇士」的意思。這種背心製作講究，四周鑲邊，正胸前有十三顆鈕扣，一字排開，因此亦稱作「十三太保」。只有朝廷要員有資格穿這種馬甲，視為殊榮。後來逐漸成為一種禮服。從此，中國的背心形制更多樣，大襟、對襟、琵琶襟等，而且男女皆可穿用。

話說西洋，男人背心的演變也不遑多讓。16世紀歐洲，無領、無袖

上衣，多以綢緞為面料，並飾以彩繡花邊，穿於外套與襯衫之間。1780年以後，衣身縮短與西裝配套穿，多為單排鈕，少數雙排扣或帶有衣領。特點是前衣片採用與西裝同面料，後衣片則以西裝裡布來裁剪，背後腰部有的還裝帶飾作為調節鬆緊。

背心在西洋男裝史裡不停搖擺，尋找定位。可以確定的是，三件式套裝的誕生是17世紀、60年代，有其特殊的社會背景。當時巴黎是歐洲乃至世界時裝發源地。男裝這個時候一度朝女性化裝飾過剩發展。但60年代以後，男裝又再歸位，出現了一種民間式的貴族服。是由合身上裝（justaucorps）、裙褲（culotte）和背心（vest）組合成了所謂的男士「套裝」。

18世紀末至19世紀初，追求革命統一和獨立運動，人們開始鄙視宮廷貴族豪奢的惡習和貴族特權，加速了男裝擺脫象徵貴族身分的封建枷鎖。19世紀，為「西服、背心及西褲」演變為一種被國際社會接受的正式穿著。

總的來說，可惜，男裝在19世紀已變得公式化，只能隨著流行在領型、肩型、口袋和釦子等細節處著手。當男裝朝著質樸、精幹、威嚴、瀟灑的走向發展，背心功不可沒；它可有、可無，但卻能畫龍點睛。

《紅樓夢》第三回：「只見一個穿紅綾襖青緞掐牙背心的丫鬟走來笑著說道……」女人衣櫥裡，向男人借靈感不是新鮮事，但講究個性美，看似平凡的基本款，沒有張揚、不必妖嬈更無關辛辣，簡約反而愈有味道。背心可以搖滾、純真，當然也可以穿出優雅。這個道理自

然也適用於女性。

無領、無袖，短身。今天，背心有各種造型和材質，搭配西服的三件式背心、棉的、羽絨的、媽媽手織的毛線背心和偶爾放肆一下的皮背心等。不論中西，夏天，單穿一件當上衣的背心叫tank top；天冷時套在衣服外面的背心、或是三件式西裝的背心則叫vest。

背心讓一件襯衫或簡單的T恤加分，穿在正式西裝裡面，收腰縮肚，讓我更顯派頭。深藍色的暗嵌條紋、小圓領咖啡色面料或是淺綠色毛呢料坎肩，還有一件仿舊的皮背心，說來巧合，初入社會，Giorgio Armani的背心，如今派上用場，從陪襯變成了秋冬主角。

電影《大亨小傳》（The Great Gatsby）裡主人翁有不少配襯的背心，引發我迫不及待要和西裝店訂製背心：一是翻領雙排扣；另一件，單排扣、有袋蓋設計的灰色面料。至於那件大斜襟式的復古背心，先擱著吧，不急，還沒找到合適的面料。有型的男人不會嫌背心多餘。走出西裝店，冷風迎面，這時候更能體會背心的優點，品味不是一種考究嗎？別小看vest的魅力。

春衫薄透「夾克」

從檢視基本單品開始，服裝像翻譯機，一五一十地解讀了內心的情緒和投射出個人情感。而基本款之所以必要，有很大一部分是，因為既定印象讓人穿上它就換像了角色。

鮮少有人沒有一條牛仔褲，因為套上它，立馬減十歲；風衣一向予人瀟灑聯想、皮衣住著搖滾精靈、現在吹起三件式雙排扣是為了「復古」、連帽T、卡其褲、開襟毛衣，自有其擋不住的「校園風」。

為什麼是夾克jacket？

常有人問我同樣問題，什麼是基本款？事實上，夾克，是一種具體的形式，也是抽象的精神。當不需要張牙舞爪的炫耀，但又不想擺爛至頹廢，我第一個想到的基本款就是夾克。帶著藝術家和工作服的休閒調調的熱切需要，夾克是具有個人風格衣櫃裡的必備品。料峭春寒，乍寒初暖，正好是擴充衣櫃裡基本款的時機，夾克以一貫的寫意和舒適感，以呼應輕鬆、隨興的氛圍取勝。

英文裡jacket這個詞來自法文jaquette，最早出現在法國中部叫jaquet，意思是「小」或「輕」的外衣。夾克通常是指及腰或臀的上裝，長袖居多，拉鍊設計最為普遍。簡單、含蓄和永久性，即使同一款夾克，每個人穿起來都有自己獨特味道。很多不了解「休閒」況味的人，不能體會T恤、牛仔褲的組合之外，若要一派簡從，夾克，比西裝輕鬆、又不似外套厚重，不同材質和幾個基本款，兼具機能，滿足才換下冬裝，衣櫥裡青黃不接的尷尬。

下擺與袖口有鬆緊帶防風灌入，胸前設有拉鍊的防風夾克，是為出外

時，陰晴不定的天候而設計的。運動，像是健走、慢跑或騎自行車，重量輕，力求穿著活動自如的防風夾克，迎風或小雨天氣，少不了它；Jil Sander、Prada都有尼龍面料的經典式樣，但Dries Van Noten藍白條紋的棉質夾克，穿出雲淡風輕，一點兒壓力都沒有。防風夾克不見得非強調sport，輕巧最重要，好看呀！

棒球外套的代表是無領夾克，又叫做letterman jacket，也是美式校園風格經典。最早學期結束，教授會給學生評分，展示在學生夾克左胸前的一種鼓勵（英文字母ABC代表學業成績）；也有在夾克背面繡上學校名稱，或是將縮寫繡在胸前。不只是高中或大學，某些俱樂部或球隊的夾克也會出現類似設計。最早有紀錄的letterman jacket是1865年的哈佛大學，當時的棒球隊在灰色法蘭絨襯衫上多繡上了一個H字樣，十年後哈佛大學的美式足球隊也開始使用H在夾克外套上，letterman jacket就這麼風行開來，除了胸前有徽記，按扣式的夾克，有種說不出的信服感。

偶見領口有一圈毛料。這些特殊的設計是為了讓在陰冷機艙中的飛行員能夠保暖，因而得名「飛行員夾克」。我有一件淺水藍麂皮Loewe的夾克，象牙扣代替拉鍊，更為隨興。我必須承認，麂皮對我有一種不能抗拒的吸引力。Prada綠咖啡、墨藍和一點酒紅色拼接成菱格紋的短版夾克，很俐落，常是旅行時基本款，配線衫、襯衫，甚至一件白T恤，牛仔褲、白布鞋，渾然優雅。

夾克衫是二次大戰後廣為流行的一種式樣，如果嫌翻領休閒西上裝太過正式，夾克一種很好的代替方案，讓人想起在老電影裡的男人，戰爭中的英雄那份雋永。皮夾克的街頭調性，緊身的鉚釘騎士夾克，穿

上它，馬上變「硬漢」。你一定會問，怎麼能忘了牛仔夾克？我把它放在最後面是，很多自以為是的老土，刻意牛仔夾克搭上牛仔褲，哦，那會是一場悲劇。

「舒適」和「功能性」是夾克的兩大關鍵字。基本款的夾克，優雅得讓人喘口氣，but，我必須提醒，史上最恐怖的「夾克」是常見黨工們競選或下鄉搏感情時穿的那種夾克！「想念你的笑、想念你的外套（夾克）；那是記憶中曾被愛的味道。」穿夾克的男人，一定懂得愛。

皮衣，搖滾上身

半個月之內，我連著去了趟普吉島和東京。從陽光燦燦，平均氣溫攝氏30幾度的熱帶小島，飛到陰雨霏霏的東京表參道街頭，一來一往，溫度相差了20幾度，突然讓我想起衣帽間的除濕機，有沒有盡責地伺候好掛在角落的那幾件，每次咬咬牙才下得了手的「皮衣們」。

我和很多人一樣，對皮衣的印象是飛車黨、是賽車手；是一臉憂鬱的詹姆斯狄恩，也是風塵僕僕的史提夫麥昆這兩位銀幕硬漢。但也一直因為既不酷，也很少強說愁的個性，一直覺得和皮衣並不「麻吉」，遲遲沒有衝動添購皮衣。

一直到有一年去米蘭看秀，趁空檔，被Prada店裡一件西裝式樣的皮衣吸引得流連再三。料是早春貨，所以皮的質地被處理得不那麼厚重、粗獷；再加上特有Prada近似黑色的特殊深藍色調染在皮革上，分外優雅。最後掙扎了半天，想盡各種說詞安慰自己，每年都要來歐洲看秀，沒有件皮衣怎麼入境隨俗。

但是，自從和皮衣有了這場早春之戀後，好像就開了竅，再也難抵皮衣的誘惑了。橫豎幾乎每到冬季，總是很期待皮衣推出，或是等著折扣買下某件心裡想了很久的皮衣。Trussardi的小牛皮和針織拼接的皮外套、Giorgio Armani中規中矩的羊皮大夾克、Hugo Boss淺藍色在麂皮上網洞的短夾克、那件皮質好到，有人和我擦身而過，都會忍不住回過頭來讚嘆「這是什麼皮，好好摸喲」的Jil Sander駝色皮衣。只要有冷氣團報到，立刻環顧排排站好就等著咱家欽點的眾家皮衣，興沖沖地重裝備出門。

男人皮衣的設計變化不大，不是夾克就是西裝外套式，偶爾加個毛皮
領子或片薄成麂皮襯衫，但無領、斜襟拉鍊和鉚釘加身的皮夾克，一
副捨我其誰的搖滾樣，還真是無可取代。為了避免太過招搖，男士皮
衣選材上，皮革又比皮毛多。但偶見皮毛扭壓成渦狀的羔羊皮或是
Fendi 在麂皮上施以處理，看起來有點金屬光澤的油皮；刻意把皮衣
「作舊」成跳蚤市場裡的骨董味道的陳年皮衣，不同於粗獷、耍酷和
野趣的表情。

說到皮衣，衣櫃不能不提 Gucci。有一季大行其道的搖滾風，Gucci
大張旗鼓地推出各式騎士型的摩托車皮夾克。一時之間，原皮色的皮
革和誇張的金屬扣環，把一個內心蠢動、悶騷的「熟男」一心變成
「酷哥」的心情勾動不已，Gucci 這件集短、緊、酷、帥於一身的摩
托車皮夾克，對我來說，簡直就是一種角色轉換的神奇道具。

觸摸、嗅聞是鑑賞皮衣的必要。一般來說，皮衣用到的皮革種類有：
小牛皮、水牛皮、母牛皮、羔羊皮、山羊皮、鴕鳥皮、蜥蜴皮與鱷魚
皮等。依照紋路及鞣革處理形成不同風格。

稀有皮革則以鴕鳥皮、蜥蜴皮和與鱷魚皮三種最具代表。鴕鳥皮革有
天然的毛孔，僅挑選產於南非鴕鳥的臀部部位，面積大且毛孔分布均
勻，每一個原本凸起的鴕鳥毛孔均以手工一個個輕輕敲打為平面，費
工的程序，更能呈現美麗優雅的鴕鳥皮質感。

西班牙 Loewe 麂皮很有異國風味，受人青睞。但鱷魚皮衣才是珍稀大
貨。最頂級的鱷魚皮為 Porosus 品種，其次有 Niloticus 以及 Alligator
（短吻鱷，也是一般品牌較常使用的品種）。Porosus 幼鱷的腹部皮

革，花紋、顆粒大小適中，且左右對稱，增加整體華麗感。

鱷魚是爬蟲類動物，要找到沒有刮痕且紋路優美、大小相稱的皮革，實屬不易。鱷魚皮來源稀少，單價自然飆起來。統一收購的鱷魚生皮，是以「每公分為單位」來計價的。鱷魚皮來源以及處理方式會影響價格。一般來說，有密西西比短吻鱷、辛巴威的尼羅鱷與產於澳洲的亞洲鱷；鱷魚皮在鞣皮和上色等的處理過程較繁複，因為需要經過一道漂白的程序才能再上色，因此製革時間至少超過六個月以上。

根據氣象報告，大陸高壓冷氣團南下，未來幾天將籠罩在乾冷的低溫……對於亞熱帶的我們來說，皮衣？每年只有趁著短短數日的寒意，那種對皮衣期待的心情，彷彿就是一種奢侈吧！

訂製鞋「足」上有德

雖然腳丫子在審美的標準裡常不如臉，甚至手指來得重要。但是，當你知道每踩一步，腳所承受的重力是體重的2到3倍，日復一日，可以想見「足下」的辛苦。只要一想到這兒，我就再也不會對家裡一整櫃子都不夠擺放的鞋，感到任何罪惡感了。

腳需要保護、照顧，但大多數的時候，腳上的鞋子卻是造型裡很容易被忽視，但卻又是相當關鍵的部分，甚至對好事的心理學家而言，鞋子是不知不覺洩露一個人性格的重要線索。重視鞋子的人，通常企圖心強，對自我的要求也高。

不過，說起鞋子的文化，其實到20世紀早期，才開始脫離單純保護腳丫子的功能，而有了設計和品味，也正式被納入時尚的一部分。中國男人對三寸金蓮的性幻想，和金髮尤物腳下那雙纏繞著小腿肚子的涼鞋魅力，吸睛程度，不相上下。不過，當鞋子走過30年代的笨重的厚底靴、50年改穿高跟鞋、60年為了配合直筒的連身衣裙，平底鞋又當道；等到了70年，兩、三吋厚的「鬆糕鞋」風行得不得了，80、90年，運動鞋成了時尚人津津樂道的熱門鞋款。一直到今天，鞋子是名牌的金雞蛋，但卻也在快速流行浪潮裡失去了象徵年代的標記。

如果對《慾望城市》裡形容穿上Manolo Blahnik的高跟涼鞋比做愛還要興奮有點兒丈二金剛摸不著頭腦，顯然男人對鞋子太掉以輕心了。不但跟不上潮流，更談不上個人品味的選擇。提起普遍男性，最令人不解的是自以為聰明的「業務專用鞋」。為了節省擦鞋時間，被刻意設計成漆亮面的鞋頭和霧面的鞋身有著怪異而不協調的對比，配上還停在「青春期」的白襪子或半透明人造絲襪，把腿毛壓得死死的，說

有多怪，就有多刺眼。

我對鞋子應該是有種嗜好的需求，幾年下來，東征西討，還真買了不少。最多的是直接套進去，不必穿襪子的loafer，義大利的Tod's最是代表。扳起手指頭數一數，每季飛到米蘭看秀，不由自主地買Tod's，蛇皮的、麂皮的、有鞋扣的到Tod's和法拉利賽車合作，全世界只有少數旗艦店才有售，鞋墊上印有法拉利字樣的豆豆鞋，少說也超過二十雙，有一年出差因為換了兩個飯店，搞丟了一雙黑色麂皮滾紅色車線的款式，心疼之餘，再也買不回來。

我喜歡打赤腳穿鞋，不論是原本在帆船甲板上穿，怕弄濕了腳，不必穿襪子的休閒loafer，Camper的馬毛高統鞋，或是Louis Vuitton、Gucci的皮鞋，我都一律光著腳丫子穿，而別人對我不分冬夏，老是晾在褲管外的那一截腳踝也見怪不怪了。

只有自己的腳最知道鞋子的好壞。朋友常笑我腳背厚、腳趾不夠修長，有點像沒長大的孩子腳丫子，害我從來不肯輕易露出太多「馬腳」。買新鞋的時候，找曾仔細察看鞋內側的楦寬指數，要不就刻意挑繫鞋帶式的皮鞋，讓腳背因而收攏，看起來優雅有型。至於性感的羅馬式涼鞋，還是藏拙的好。不過，這幾年當我嘗試了男性修甲之後，大方亮出腳面的夾鞋拖也加入鞋櫃行列，但穿多了巴西名產Havaianas夾腳拖的代價是，活生生大了半號腳。

大部分的時候，我把悶騷情緒全發洩在鞋子的色彩上。酒紅色、綠色鑲紫色邊的Prada皮鞋、寶藍色的鹿皮便鞋，以及嫩黃、淺綠和豆沙色的Dries Van Noten麂皮繫帶皮鞋。而Ferragame的漆亮皮鞋、Sergio

Rossi特殊鞋底的便鞋，一直靜靜地躺在更衣室還沒來得及亮相。

去了趟日本，對於東京街上蒐集了各家限量版球鞋的「Shose Bar」嘆為觀止，自此也顧不得腳臭，迷上運動鞋。採購清單上，總不忘看看誰又和誰異業結盟，推出什麼混血品種運動鞋。Puma、adidas、Lacoste、山本耀司各有勝場，很快地也開始搶占山頭。

「人生該浪費在美好事物上」的有很多，現在終於輪到「卑微」的腳丫子過癮了。一年在米蘭趕上Prada推出自己可以選擇牛津鞋刻花配色的訂製服務，二話不說，給它刷下去；鞋子多讓人衝動呀！

可不是嗎？何其有幸，為了免受削足適履的罪，且刷新我的時尚奢華訂製體驗bespoke（手工量身訂製），我飛去拜訪巴黎John Lobb製鞋工坊；容我賣個關子，那張有John Lobb量腳大師Michel簽名的量腳訂製鞋紙樣，還靜靜躺在巴黎等著我「贖回」，等著我穿著它去看秀，故意翹著二郎腿，晃呀晃的，享受只有我知道的暗爽心情。

牛仔褲的告白

我對牛仔褲的情感一直很矛盾，有點兒「又愛又恨」的情結。耐磨、耐操，穿舊了還有二手身價的牛仔褲，混和著純真、性感、頹廢和狂放，像是時尚圈共通的世界語言，沒有人不識丹寧布，但這也是個挑戰，怎麼把平凡得有點淡出鳥來的牛仔褲穿出型來？

說穿了，牛仔褲的既粗獷又性感，好像不把「優雅」放在眼裡的態度反而成了最高指導原則。青春期就和牛仔褲產生化學作用。一直到現在還是覺得衣櫃裡永遠都少一條最速配的牛仔褲，沒錯，就是這種丹寧布情結，即使落人「緊抓青春尾巴」的口實，旅行箱裡總不忘帶上牛仔褲，或是再買一條回來。

我對牛仔褲的共鳴；還沒到上網競標Levi's 501原版牛仔褲的fans瘋狂的蒐藏行徑。但穿不穿得出牛仔褲味道，並不影響人們對它的依賴。1873年利用捆車篷的帆布製作了第一條釘了口袋的牛仔褲商人Mr. Levi Strauss，可能也沒想到今天，牛仔褲對世界所產生巨大的社會情感和歷久不退的時尚影響力。

相傳最早的牛仔布種源起於法國，是一種棉和羊毛混紡的斜紋布，17世紀末在法國十分風行。但是等傳到英國，由於發音上的困難，才被改稱作Denim，也就是所謂「丹寧布」的由來。

還有一種說法是，19世紀美國淘金礦工所穿的一種超耐穿的斜紋布。但是，無論如何，牛仔褲有本事歷經了近兩個世紀的潮流，還能以不變應萬變的姿態屹立不搖，的確稱得上是時裝史上的傳奇和一大創舉。

　　　　　　　　　　　　　　　袁青時尚學

牛仔褲的發跡和電影推波助瀾以及時代背景環環相扣。50年代，牛仔褲幾乎等同美國文化。「近百分之九十的美國校園學子，除了上教堂和在床上，其他時間都穿著牛仔褲」的說法更印證了牛仔褲在當時風行的程度。但是，真正讓牛仔褲的「土」味轉換成「酷」勁，是1953年影星馬龍白蘭度在電影《飛車黨》（The Wild One）中穿著皮夾克和牛仔褲的造型，功不可沒。而詹姆斯狄恩、瑪麗蓮夢露（Marilyn Monroe）、瑪丹娜（Madonna）等大明星也都分別賦予牛仔褲多元化的時代個性。牛仔褲從上到下，滿足了普羅大眾對時尚的膜拜，成就了時尚字典裡劃時代的「經典」。

70年代，服裝設計師卡文克萊（Calvin Klein）首創緊貼曲線的褲型，和名模布魯克雪德絲（Brook Shields）聯手，一句曖昧的「我和我的牛仔褲之間什麼都沒有」讓牛仔褲立馬丟掉過去一百年來幾乎沒有什麼變化的粗獷味，大步走向性感。不但男人睜大了眼睛，連女人也豎起了耳朵，重新定義牛仔褲的性格和未來角色扮演。

80年，Post-Punk帶動了在牛仔褲上挖洞、補丁的頹廢風潮；進入所謂「後牛仔時代」，傳統靛藍色的丹寧布歷經各種刻意「表面處理」的破壞，無非是希望再造牛仔褲的「同中求異」。之後，各種加諸在牛仔褲上的設計，包括機械油汙、磚塊灰土，以及各種化學藥劑加工；酵素、酸鹼、漂染和刷洗還不夠酷，抽鬚、補洞、抓痕和撕裂等「酷刑」加身；一直到1999年設計師湯姆福特在破洞、毛邊和補綴的牛仔褲上飾以華麗的羽毛，至此，集破敗和華麗於一身的丹寧布，在名牌操作下，從挖礦工人制服翻身跨進上流社會舞台，搖身成為每季名流採購清單上，一擲千金的must buy。

平均每年花70億美元購買牛仔褲的美國人，根本就把牛仔褲當作是「美國文化」。不少裝置藝術主題選擇牛仔褲。從紐約皇后區找來的牛仔褲構成的作品，骨子裡反映的是「大熔爐」紐約市的一種移民情感。

套進牛仔褲裡是一種想放縱的心情使然。隨心所欲的想像跟著緊得不能再緊的Diesel、屁股口袋上印著浮凸logo字樣的YSL、淺水藍色的Giorgio Armani、幻想是性感偶像的Calvin Klein、或是穿著Polo Ralph Lauren牛仔褲配西裝，優雅有餘，甚至學生時代託人特地從香港買的「橘標」Levi's牛仔褲，不全都是移情作用？

牛仔褲是時代的溫度計。代表了一種單純的性感象徵；牛仔褲是勞工階級、辣妹、休閒、搖滾樂和美國夢的混合體。不過，對我而言，牛仔褲像是我的朋友，但不是唯一的情人！

腰帶、扣環

你有沒有穿過裙子？我的答案是，當然沒有。我想大部分的男人都沒有穿裙子的經驗。這和女人三天兩頭，一會兒迷你裙、一下子又是牛仔褲，多數男人選擇只能穿褲子的宿命，似乎真的有點無趣。

所幸，還有腰裡的皮帶可以稍微紓解一下男人衣著上先天的苦悶。挑起我對腰帶的樂子，嚴格說起來是從義大利 Gianni Versace 起的頭。這條造型有點誇張的皮帶，也是我少數擁有 Gianni Versace 的物件之一。起初只是忽然被櫥窗裡繫在人檯上的扣環上鏤刻了繁複蛇形圖騰的皮帶給吸引住，其實仔細看，並非 Gianni Versace 經典的梅杜莎蛇魔女 logo，也不是中國龍，而是八條栩栩如生盤繞遊走的蛇。有點《辛巴達奇航記》西洋神話故事的氣氛，讓我有種把它繫在我那條 YSL 黑色牛仔喇叭褲腰上的衝動，當下埋單。

因為這條皮帶，我甚至在中廣全國聯播節目裡吹噓了一番。對我來說，因為終於可以和街頭酷味沾上邊、更有理由穿牛仔褲、因為看起來更 man……沒想到一條皮帶可以讓男人的褲子多了點趣味。

男人對皮帶的講究程度遠不如領帶。事實上，大部分皮帶的焦點都在扣環，它也經常成為名牌 logo 盤據的符號。打開更衣室，掛在和一整排西裝同一邊的皮帶，像剝了皮倒吊在那兒的蛇，有 Hermès 的「H」字母；Gucci 雙「G」和竹節；有新加入字母行列的 YSL；Fendi 的倒「F」logo；Trussardi 的獵犬和有一季義大利 Dolce&Gabbana 以十二星座為皮帶扣環的「金牛座」牛頭。

不過，林林總總的皮帶中，最多的是素淨低調，一點也不搶功的 Prada。這些多數是長方形狀，或鏤空，或實心的 Prada 皮帶扣環，搭

配不是黑就是咖啡色原皮皮帶，點亮了褲子最基本的需求。

我自己的心得是，皮帶可以改變褲子的性格。比如，穿正統西裝褲時，粗細寬不過三個指幅的皮帶配上方方正正的扣環最有紳士風度；牛仔褲不妨大膽一點，斗大 logo 的金屬扣環就派上用場，如果是低腰款更性感；偶爾穿穿工作褲或休閒卡其褲，看起來像高中軍訓課的童軍式尼龍扣環最速配。翻一翻，我發現我的腰帶戰利品裡，Dunhill、Prada 和 Gucci 都分別有過類似的設計。

有的時候，「皮」已不能滿足皮帶設計的靈感。Polo Ralph Lauren 幾乎都會有一種很標準的美式風格的彩色條紋腰帶，特色在除了大部分是帆布材質，而金屬的 D Ring 扣環也很有粗獷味；但有一年冬天，Prada 捨皮帶而跟著粗毛呢西褲一併配搭的「本布」毛呢腰帶讓男人西褲多了一點時髦話題。紅的、土耳其藍和橘色的 Hermès 只要把 H 皮帶扣頭翻個面，兩面使用的皮帶也很貼心。

基本上，我並沒有鱷魚皮的奢華版本，也還未嘗試像 Moschino 男裝目錄裡，模特兒把領帶直接繫在褲腰上的時髦作風。但是，出國時，我通常習慣備好兩條，捲起來塞在皮鞋裡，不占空間的皮帶，咖啡和黑色的總錯不了。

你問我還想把誰繫在腰頭？應該是義大利的 Bottega Veneta。設計者利用招牌編織技法把皮帶編得像 SM 皮鞭似的，妙的是 Bottega Veneta 有一款側背包的背帶，拆下來直接可當腰帶用，好酷！

一條皮帶左邊是手機、右腰上掛了鑰匙圈，不要笑，這種完全暴露品

味底線的造型，時有所見；不過，若吊帶和皮帶同時出現在腰上，則更是糗大。

皮帶有的時候也是一把量尺，時時刻刻警戒你的鮪魚肚。每天100個仰臥起坐，想作型男，最好選條低調的皮帶，束緊你的褲腰吧！

領巾，繫乎浪漫

穿著的樂趣，有很大一部分來自浪漫的情緒，即使是男人「繫」住脖子的又絕不只那條領帶。

領巾不是領帶，它的出現讓男人鬆綁，也讓男人在可以接受的範圍之內，試著流露出難得的瀟灑，甚至說是一點點玩世不恭的輕佻。領巾不比領帶，用得好不好，絕對有難度。但相對於正經八百的領帶式微，可以是水手、童子軍、牛仔或歐洲貴族⋯⋯結合了多種形象的領巾，變化正是它的趣味和挑戰。我不太熱中趕時髦，服膺低調奢華，但只要心裡念著衣著考究的紳士，就不能免於領巾的灑脫。

描寫情欲掙扎的《已婚男人》一書裡，對總有辦法把一些不相干的衣物搭配出無可挑剔品味的男主角屈克安的穿著有一段入神的描述，「襯衫、背心和夾克層疊的套在一起，屈克安在脖子上繫上一條衣索匹亞藍的領巾，領巾上有著金色鹿角的圖案⋯⋯」這個已婚的、年輕的、俊俏的法國男人企圖精心打扮時，不只一次，繫上了一條他喜歡賣弄風情的領巾。

領巾的出現，不但點出了法國男人對衣著考究的天性，也提醒一個不留神就可能流於娘氣的領巾，在歐洲考究的男人衣櫃裡，一年四季都用得著，成為展現優雅品味的道具。

不過，同樣是一條絲巾，湯姆福特在他最後一季的Gucci和YSL男裝上，居然就憑著一條花色艷明的領巾繫出男人的新鮮魅力。Gucci把領巾和寬帽配在一起，為男人打造了不可一世的時尚牛仔風；而YSL的印花領巾，繫的長度稍微長一些，襯著鮮艷的襯衫穿出正式西裝的另一番瀟灑；若是把領巾和誇張的防風鏡、摩托車夾克搭在一

起，好一枚街頭浪子，也是領巾起的頭，造的勢，令男人在忽然「年輕」的興致裡，陶醉起來。

再看 Prada，不只一次讓看似發育不全的瘦弱男模特兒在脖子上繫著一條三角領巾，不斷出現在米蘭男裝秀的鏡頭裡，領巾又被塑造成一種少年郎的純真性情；Giorgio Armani 領頭帶起的水手風格的流行，領巾又是少不了的主角；倒是經年累月難忘水手情結的法國男裝 Jean Paul Gaultier，在領帶上再繫一條領巾，結合領帶和圍巾的點子，還真讓人猛然想起國語流行歌曲，「劉文正派」別樹一格的輕狂。

現實生活，男人被歸成好幾類。粗獷、斯文、搖滾和頹廢各有各品頭論足的市場。不過，大部分的男人多半會被要求在穿著上要 man 一點兒，期待多一些陽剛氣味的男人，脖子上繫著領巾、頭戴寬帽上場的「牛仔」look，提供的是另類領巾的示範！

標準美式拓荒精神的象徵。黃沙滾滾，呼嘯而過，快槍出手的馬上英姿，cow boy 牛仔賣的是身手俐落的瀟灑男人味；繫在脖子上那條小領巾，果然讓荒野大鏢客比起童子軍的稚氣更具說服力。領巾創造了一種難得的粗獷和豪邁。

受流行風影響，男人脖子上因為扮牛仔 look，領巾復活了。不論 Gucci、Cerruti 1881、Dior 或是 YSL、Jean Paul Gaultier 等都有不同風格的領巾造型示範。配襯衫、西裝、夾克外套都行。好像有了領巾幫襯，男人心情也跟著變化。領帶和領巾雖然都是繫在脖子上的玩意兒，但是形成的風格和趣味卻全然不同。按照不同繫法和配合襯衫領型打出來的領帶，基本上比較嚴肅，相對隨意繫在脖子上的領巾，就

077

因為那份不經意反而突出了個人色彩。

對領巾從躍躍欲試的衝動到搭配自如。原因很簡單，看似信手拈來的
品味，是優雅和考究所在。眼看衣帽間，領巾的突圍有點兒像是補上
了領帶的「缺」。銀灰底帶黑色小圓點、咖啡色細條紋的長條式樣，
和一條黑色純絲的長條領巾，搭配深V字線衫或是刻意多敞開一顆扣
子的襯衫，正式西裝、牛仔褲、T恤的休閒打扮，這幾條YSL領巾在
腦子裡都已打好腹案，就等找時機亮相了。

領巾這可有、可無，卻又生鮮活潑的物件，對一般男士來說，可能用
的機會不大，但是，何妨放手一試，來個難得瀟灑。《已婚男人》書
裡，那個帶著歐洲貴族風骨，但卻沉陷在愛欲中，終究難以全身而退
的法國男人，悲劇的、浪漫的、永遠優雅的，豈能少了一條領巾呢！

領帶悲歌

男人的領帶就像女人的裙襬，是服裝語言裡「性別」的表徵。

雖然好事者早已暗通款曲，讓女人也偶爾繫上領帶過癮，就如同前衛的男性，大搖大擺地穿起裙裝。不過，再怎麼說，領帶算起來是這場衣著保衛戰裡，男性保有的一項「專利」。

對於掛在脖子上的這塊布條，很多人早已失去探究歷史的耐性，因為經過時間和風潮的演變，頂多只會在寬窄和長度上斤斤計較，再怎麼也變不出驚人的花樣，或許這也就是領帶「晚景淒涼」的原因之一。

有一次，我穿得一身黑壓壓地出現在某大派對上，環顧四周，一個個精心打扮的男客，居然看不到任何一位西裝筆挺的男人打領帶，更別說那些破牛仔褲和和皮衣裝酷的年輕人還會認得領帶為何物？國際紅毯上的男明星也寧可敞著三顆襯衫扣子，露出胸肌地展示男性魅力。領帶的作用呢？

特地在衣帽間裡為領帶安置了一整排掛勾，方便取用、搭配，這麼多年來闖蕩江湖，林林總總，不下百條領帶，沒有一條沒有故事、沒有一條不是精心挑選，如今，時不我予，只有坐冷板凳的份？說實在的，雖然一面享受扯掉領帶的痛快，但是，我並沒有那麼急著拋開念國中時，跟著軍訓制服一起，黑色領帶的青春記憶。記得第一次繫領帶，老是不能精確控制領帶前後片長短而弄得滿頭大汗，但是，儘管如此，我也不願意做出幾個學期下來從不曾解開過領帶，每天就著那個死結，在脖子上拿上、拿下的同學們的懶人行為。

長大了，領帶是職場上西裝制服的重要搭配。領帶絕對有它存在的價

值和意義。多年前，初訪花都巴黎，話說剛下了坐了十幾個小時的飛機，昏頭昏腦地受邀到位在巴黎鐵塔上的一家法式高級餐廳用餐，到餐廳門口，忽然被衣冠整潔的門房禮貌地擋了下來，問題出在沒繫領帶，不夠正式，不得入內。

二話不說，轉身下了鐵塔，就近找家男裝店，一眼相中一條「從上到下布滿了大小紅唇」的領帶，付了帳直奔餐廳，門房被這條「吃」人的領帶弄得啼笑皆非，當然我如願過關，飽餐一頓法式美食，可惜，這條吃遍天下的領帶卻再也沒有機會派上用場。

領帶之於我，也是和人溝通的橋樑。那是考進聯合報報社，上班的第一個月，一直到坐在對面的同事忽然若有所思地問我，「可不可以不要再打領帶了？」因為那會讓她以為在IBM上班。領帶居然讓她感到拘束？不過，我真的在意的是，同事沒有發現，多日來，我沒有繫過任何一條花色重複的領帶！

其實，很多男人每到重要場合不由自主的想到西裝就少不了領帶。說也奇怪，我有百條領帶，但伸手第一個去拿的，卻老是那幾條。有人說Chanel的領帶是每一季花錢買華服的老婆，為了「贖罪」送老公的小禮物。我沒有讓人為我贖罪的本錢，所以自己買。黑底嵌暗色絲光條紋上雙C符號為花色的Chanel領帶，有種「征服」Chanel的快感！

令人驚喜的那條沒有襯裡的Giorgio Armani領帶；我偏好素色的、規律的、織布本身會說話的領帶，但是，我不怕顏色，所以不少性格強烈的領帶成了衣著主角。藍襯衫和灰色亞麻條紋的Jil Smith領帶總是

那麼搭調；Donna Karan 淡紫色帶小圓點的絲領帶、黑色 Gucci 暗紋領帶、泡泡紗的格紋是 Giorgio Armani 亞曼尼的招牌領帶。一條黑白相間的 Hugo Boss 是針織款的領帶。耶誕節，朋友從紐約寄上有著雪花圖案的絲絨領帶，歡樂時光。

有一條改編自一首「鑽石、鑽石我愛你」西洋歌詞，結果變成領帶上的抽象圖案，很搶戲；大膽抽掉襯裡的 Hermès 領帶，是介於絲巾和領帶之間的創意；每每繫上它，經典的橘色都有種特殊的流動感。誰說領帶沒有感情，它陪著少年變成型男紳士。

領帶悲歌？日本政商界為了節省能源，發起過夏日摘下領帶的運動，可惜，不繫領帶的上班族，被人誤以為是失業流浪漢而作罷。可見西裝、襯衫和領帶之間不可分的三角關係在男人世界是不可分離的。即使休閒風潮、好萊塢性感男星的示範，也許讓人誤以為領帶不合宜了，但是，也許領帶之於男人，就如張愛玲筆下女人的旗袍，不想「鬆綁」的紳士，應該暗自期許，要為領帶再創經典，第一件事，要學會在領帶上繫出酒窩的功夫！

男人也要Up! Up!

內褲是調情的重要工具，對我來說超過了實際需求。不過，反而愈簡單、愈基本款、愈純淨的內褲，愈有一種「令人蠢蠢欲動的性感」。美國Calvin Klein「非黑即白」的內褲廣告，比起電影《畢業生》裡，女主角勾引達斯汀霍夫曼時穿的那件豹紋印花內衣，更有吸引力。

有趣的是，這一幕深印在60年代影迷心裡的畫面，在男性內衣秀上，穿著激突小內褲的男模在女賓面前昂首跨步下得到平衡。小內褲賣得嘎嘎叫，不少是來自「性」的幻想。

對男人來說，啜著香檳、洗完泡泡浴之後，穿上黑色蕾絲內褲，令人有一種和「情婦」偷歡的興奮。或許是「良家婦女」不排斥為自己備一套Dolce&Gabbana黑色性感內衣的原因。但是，相反的，女人卻偏好為自己老公挑選那種純白的內褲。

有機會到男性健身房裡轉一圈，看看那些脫掉西裝外套之後，一副副有待整治的、正在改建中的，或是已脫胎換骨精練成猛男的各式體格下，教人眼花撩亂的內褲大全精采畫面，可能女人真是小覷了現代男性對內褲「自我意識」的表白，絕對超乎想像。

不見陽光的小內褲，反映一個人的內在情緒和個性的縮影。可能是為了避邪而穿著大紅色內褲的中年男子、喜好鬆垮垮的拳師型棉質內褲的自由自在的ABC，或是那些為了展示練家子身材，刻意穿上緊貼臀部曲線小內褲，在健身房裡不時遛來逛去的，像熱帶魚缸裡的鬥魚在你周身穿梭。

小時候，從美援麵粉袋改裝成的內褲到汗裡來、汗裡去，充滿革命情

操的「黃埔大內褲」；一直到假想化身超人的純棉三角褲，內褲為男人帶來各種「酷」味聯想。尤其健身房，脫掉外衣，內褲會洩底。有一次，泡湯浴場，忽然眼前冒出一尾前襠設計成大象鼻了內褲的老兄，我才真的明白關乎品味的底線在哪兒。

和女人罩杯需求一樣，男性內褲也要up、再up。強調利用各種剪裁曲線和彈性材質，強化「臀部」線條的技術，成了男性內褲設計上的重點；讓屁股「看」起來更翹、更緊實，和「連蛋蛋都包覆進去」刻意製造激凸的傲人錯覺，說穿了就是在內褲前片的囊袋設計。曾幾何時，「托高、集中」女性胸罩的教戰術語，同樣也適用於現代男性的小內褲。

日本拍賣網站很變態，打著「保留使用過痕跡」的女性內褲拍價驚人；我為了友人以為「褲」和「庫」諧音，在哪裡買內褲，就表示你的「財庫」就延伸到哪裡的理由，每到一處忙著張羅一條具有當地特色的內褲。行遍歐陸，也就一路從巴黎買到丹麥；或從曼谷的便宜貨挑到無意間逛進德國漢堡最具規模的情趣博物館，一字排開的丁字褲，教我看傻了眼，慌忙出手，「好看是好看，但股溝那條丁字線卻（吊）得它七上八下。」朋友沒好氣地抱怨。

根據調查，台灣男性買內褲多半仍操控在女性手裡，而超過七成以上的男性內褲都是在各大賣場，以不超過300元一條的單價成交。相對於網路上，每一季會有上百種款式可選的男性內褲，透露了型男比女人更熱中內在美的訊息。

低腰小內褲側邊秀出暗喻「亞當偷食禁果」的蘋果和蛇形圖案，教人

莞爾；一會兒是運動明星、伐木工人；一下子又化身日本浪人或軍中情人的角色扮演，激起男人買內褲的欲望。但沒料到義大利足球明星穿內褲入鏡，推出義國國旗的「紅綠紅」條紋內褲賣到翻，內褲是忠貞成了一種「愛國情操」。

男人愛看Ｅ罩杯，女人又何嘗不能在男性激突的小內褲上找刺激。低腰、三角、四角、平口、高衩、拳擊或丁字內褲，如果擔心不夠性感，我的經驗是，和女性內在美相反，愈單純愈性感，試試純白小屁屁的魅力！

大鼻子情聖

不常去卡拉OK，但一首〈味道〉幾乎快成了我的招牌歌。「想念你的外套、白色襪子和那手指間淡淡的菸草味道……」低迴不已的思念在打轉，道盡溫存和不捨，再不經意的氣息也能嗅出翻來覆去的愛和欲。

氣味特別能掌控情緒，也被感情所驅策。可不是嗎？五感之中，嗅覺介於模糊曖昧的觸覺、味覺或豐富多元的視覺、聽覺之間，它總是跑在最前面，喚醒想像的空間。

如果撇開情感上的認知，每個人鼻子裡有如十元硬幣大小的薄膜，細細的絨毛上有千萬個嗅覺末梢神經，可以感受任何細微的氣體分子，當刺激量足夠時，細胞便有所反應，輸送訊息到腦部。就醫學上解釋，嗅覺薄膜是人體中央神經系統唯一和外界直接接觸的地方。然而，嗅覺的化學作用首先會在人腦最古老的部分——邊緣葉（limbic lobe）當中進行，而這也是支配性欲和感情的所在。

古代埃及艷后克麗佩脫拉就是善用香氣的狠角色。她有專屬的香水工坊，特別為她製造塗抹於唇上的香膏，當她親吻對方，男人對她的迷戀全繫於香氣上。但是也有人發揮具有獨一無二的體味調情。威爾斯王子長得不特別英俊，但據聞他花花公子的魅力其實來自身上的氣味，因為他聞起來有蜂蜜味。

麝香是一種常被用作男性香水基底調味的動物性香料之一。幾乎有文明以來就被人類使用了。這出沒在喜馬拉雅山和亞特拉斯山一帶森林裡的麝香鹿，是種強壯而獨居的動物。麝香會使周圍每樣東西都染上香氣，據說東方有幾座清真寺是以混了麝香的灰水泥建成，即使千年

之後，陽光照射，寺內依舊可以嗅到一股淡淡香氣。有趣的是，紐約曾經推出過一種據說是「從水溝裡的氣味」提煉出來的香水，上市之後引來不少同好。如同推出男同志香一樣具有說服力。

許多跡象顯示，香水消費力是時尚流行度的有力「證據」之一。從街上，來往行人飄來的香水味可作為一個城市的流行指標。我忘不了第一次在巴黎春天百貨大廳認識了川久保玲。只見連著一根透明膠管的香水瓶，被包裝成一袋袋點滴般掛在醫療鐵架上的香水，讓人不得不被「當香水像血液般注射到體內時，就可以真正擁有屬於川久保玲的味道」的說詞而打動。我始終保存著在躺在抽屜裡，一瓶像醫療鹽水袋，無法站立的川久保玲香水。

Gucci訴之以性、動之以欲的香水，每一次都能造成話題。賣得最好的Envy以「妒忌」之名直接挑逗男女情緒；另一支Rush「快速」更是選用了一劑知名興奮劑命名，大獲全勝地勾動了大批消費者潛在的欲望。

我愛進香氛專賣店席哈諾（CYRANO），享受洞穿靈魂嗅覺平衡的創意。從不諱言「精液或是血液」都可以是香水原調的「解放橘郡」ELdO香水，選取碘iodine accord（血腥味）帶出的金屬氣息，充斥血液、汗水與體液氣息，味兒就如同戰場上男人激鬥後遺留的氣息，引爆深層嗅覺欲望的狂熱和渴望。

而以當代知名同志藝術家芬蘭湯姆（Tom of Finland）為題的同名香水「芬蘭湯姆」，以大膽開放的肌肉派畫為香水包裝；西洋冷杉、松柏與白松香的氣息，沒有性別取向。魅人的麝香與灰琥珀牽引幻想，

加速辛辣胡椒與清新番紅花間的纏綿，點燃的是男性之味，也成為同志情慾的最佳氣味。

我喜歡一大清早浸在Hermès清草氛圍裡醒來；入夜走進AVEDA「亞馬遜森林AMAZONIA」的神祕氣味；Cerruti、Dior和Gucci的男香像輕鬆的小品，令我暫時藏身私密氣味的片刻寧靜中；三宅一生的哈密瓜甜味，或是Bulgari的大吉嶺茶香，則是我用作紓壓的催眠處方。

對於香水，男人和女人的觀點和態度或許不同。拿破崙曾對約瑟芬皇后說：「我將在明晚抵達。別洗澡。」可可香奈兒對戀愛中的情侶說：「香水要擦在你想被親吻的地方。」

可惜，長久以來，男性都只在乎視覺刺激，而不被鼓勵在其他感官上的訓練、培養個人品味。不但聞不出女人香，更遑論給自己來一點男人味！「臭男人」？我不是，沒有型男會是吧？

Shopping Bag 有容乃大

「行囊」指的是個人的家當。隨著時潮和實際需要的轉變，更重要的是，當現代男人也開始和女人一樣，把隨身皮包視為一種社會象徵的符碼時，恐怕也就是男人應該重新看待每天跟著你鞠躬盡瘁的公事包的時候了。

西方在中世紀之時，開始有人在腰際佩戴囊袋；而中國歷史對於貼身布包的記載則始於唐代。唐高宗時，三品以上的官吏都有佩魚袋的裝束。一般拴在腰間，擺些隨身物件的私人配件，宋代以後都管它叫「荷包」。這可算是現在出外流行掛在腰上的「霹靂包」和「臀包」的前身了。

對現代人來說，不管身分地位，很少人可以瀟灑地不帶公事包就出門的。但是，這個小小隨身的私人物件，卻一直很少受到男性的注意。直到台灣吹起「哈日風」，終於啟動了男人對公事包的講究。

相對於女人把皮包當作表現身分和身家的指標，男人好像也愈來愈想找一只隨身稱手的公事包。不過，說起男人公事包的演化，早期007情報員的硬殼包，到今天男人也提著shopping購物提袋上班，公事包的品味終於有機會被看見。

我對公事包第一個要求就是「肚量要大」，再則材質最好是「軟硬兼施」。有沒有大名牌加持，不能說完全不在意，但是取捨之間，還是以能讓雜七雜八物件都落袋，落得瀟灑，沒有什麼比這個需求對我來說更重要。

突擊檢查我的公事包，一天連趕幾場記者會資料已占掉大半空間。這

還不算，塞進一大串鑰匙、上健身房的運動衣，隨身古龍水。其餘吃飯傢伙一件也不能少：筆記本、手機、零錢包、名片夾、數位相機、偶爾還得為備而不用的雨傘留個位置。

所以，包包胃納量不夠，很難受到我的青睞。至於材質，硬的容量有限、軟皮怕承重會扭曲外觀形狀。從尼龍到帆布、皮革，在數個Prada提袋中，一只有著西洋立體金屬古獸裝飾的尼龍袋子最稱手；Louis Vuitton的大書包、Trussardi的保齡球包也是肚大能裝的好幫手；一只從日本帶回Hulant Lang軍綠色提袋，既輕又耐操，Bottega Veneta軟袋式編織包，有容量又有型，出國第一個會想到帶它。

Gucci、YSL、Paul Smith、Burberry、Loewe和最近Lanvin，幾乎清一色都是購物提袋。空間大、隔層少、質輕耐用，也符合東西分類的需要，是我以購物袋取代傳統公事包最主要的原因。提的多過背的，潛意識裡想脫離學生印象的反射吧。3.1的雙色拉鏈帶和Hermès提袋，有其特殊設計，但總是在實用和亮相之間拉扯，出門前老拿不定主意。

顯然這股男人「提」袋的流行風，多半還是有限，對更依賴公事包的電腦資訊、銀行業務和其他男性仍抱持觀望態度。是保守，還是擔心有損男性形象？我喜歡今天提這個，後天又換一個，男人為什麼不能在實用和流行之間，找到一種個性演出呢？

一筆定江山

多久沒拿起筆寫字了。男人更應該有支好筆。

電腦無孔不入地闖進了現代人的生活,掌控了一切,已是不可抗拒的趨勢。網際網路似乎更是人類近代史上最重大的革命之一。來自全世界各地的資訊都被納入網路,世界接軌、虛擬實境,但是效率掛帥的資訊時代顯然並沒有省下更多時間。

資訊傳播,以令人難以置信的速度進行,電腦要求更快、更精確,書寫成了一種特殊的儀式,筆則淪為收藏品味的祭品。但是電腦愈氾濫、愈用不著一字一劃地寫字,反而更讓人想念起抓起筆桿的日子。小時候每天放學回家第一件事就是,趴在桌子上生硬地抓著鉛筆在練習簿上習字。那時候,玉兔、利百代和嗅著香香的月光牌香水鉛筆成了最有味道的童年。

上了初中,寫字又成了傳承傳統中國文化的一項使命。毛毛躁躁的小鬼頭們,筆都還沒拿順,不得已又得和國文課的老先生交代的毛筆展開一場鬼畫符的戰鬥。用軟趴趴的毛筆一字一行,弄得滿手滿紙黑墨糊寫週記成了念書生涯中難忘的苦差事。升高中、考大學,為了因應電腦閱卷,考生手上又多了一支畫圖用的2B鉛筆。那時候,一枝免削鉛筆和橡皮擦變成操控大學聯考生殺大權的大代誌。

一直到了大學畢業,筆又扮演了劃時代的信物。長輩們贈與的畢業禮,十之八九都是要求店家仔細地在筆桿上刻字留念的鋼筆。派克、西華是當年名牌代表。

今天Cartier、Montblanc、Bulgari都把筆列為精品,曾幾何時,筆卻

袁青時尚學

已經逐漸失去了原本的功能，而變成代表身分的象徵、收藏家炫耀的私房貨和一種贈與的禮物。塗鴉的街頭畫家喜歡用馬賽克彩筆；學工的、念服裝的愛用鉛筆；爬格子的視流暢的鋼珠筆為靈感來源；也有不少想證明社會地位的也許冀望Montblanc的「六角雪花」標誌作為提醒。

即使有鋼筆，但用的機會少之又少。「筆尖教人要有耐心，卻也流露個性。」電腦打出來的明體字雖然清晰可讀，但是卻沒有人味，更看不出個性。

很多人依賴電腦。更多人明知鋼筆寫字沒有電腦打得飛快，但是仍會興起買筆那份失去的閒情逸致。網際網路發達付出代價：在這個電子化的大眾傳播世紀裡，正如歌德所說，以手書寫向來是，也一直會是表達靈魂的一種方式。

手靜靜地在紙上舞動著，畫出自己的旋律，並以一種充滿節奏的沙沙聲詮釋著筆尖的勁道，這和靠著手指力量敲擊電腦鍵盤的答答聲響，截然不同。讓我想起在義人利水都威尼斯旅遊，一家面具店裡試寫有著長長羽毛的沾水筆，手握著筆，浸淫在書寫世界，美麗的沾水筆有種用靈魂交流的感動。

今天筆成為一個訊息，一種個人風格化的傳遞：對於忙碌的現代人，還有什麼比「時間」更寶貴？選擇筆慢慢書寫，變成一種誠意。寫的過程當中，情緒轉化為筆墨，這是電子郵件無法捕捉的。

史丹納多尼（Stan Nadolny）《慢工細活的好處》（*The Discovery of*

Slowness）書中說，「只有慢工出細活的人，才配擁有真正的朋友。」翻弄著去年朋友從紐約寄來的耶誕卡片，流利的筆跡取代了一線千里的電子郵件問候。

例行性地打開電腦，盯著螢幕上一封又一封直到塞爆為止的電子郵件；收件、回覆、轉寄……當遊走在電腦的手指敲下最後一個 Del 鍵的同時，我懷念著沾了一手藍墨水的鋼筆，那個用筆寫字的少年。

型男有手腕

戴手鍊？多女氣呀！可是連NBA發光發熱的林書豪腕上戴著寫有
「我奉耶穌的名打球」（In Jesus Name I Play）字樣的橘色手環上場，
你還覺得娘嗎？

其實我也不記得什麼時候開始戴手鍊。看著右手腕上一字排開七八條
細細的手環，棉繩、金屬鍊、皮圈、魚線、編織的，再配以不同色彩
的排列，很難不被注意，尤其是在一個熟男手腕上。

不讓女人專美於前，男人戴手環已經不是新鮮事，從地攤到精品，各
式各樣針對趨勢敏感的男人推出的手環，從最常見的金屬到皮革，甚
至bling bling的都有很多樣式選擇。

現在，戴得琳瑯的手腕才是表現個性的一種態度。當然還是有些男人
不習慣在手錶之外再戴條手鍊，話雖如此，接下來的趨勢如火如荼，
男性戴手環會更為普遍。

潮流轉了個彎，男性珠寶逐漸脫離兩極化，愈來愈多男人對於飾品的
態度更開放。《時代》雜誌報導男性珠寶銷量提升，包括《GQ》等
時尚媒體，也都透過編輯特集大力鼓吹這種趨勢。Gucci、Polo Ralph
Lauren、Topman及Replay等秀上model大方展示手環，這是高端精
品向街頭流行取經的明證。

其實動念戴手環，有一部分是精品派對活動存留下來的通行證使然。
刻有某年某月和某地點的皮手環，好像跟著Louis Vuitton全球辦趴的
行蹤——東京、巴黎、上海和台北，大大小小、長長短短，紅的、紫
色和原皮手環串起來快有一丈長，這些都是受邀Louis Vuitton派對的

戰利品，這個風氣一開，許多品牌也以佩戴手環的方式作為活動識別證。愈來愈多，也就見怪不怪，開始留意手環的風格和品味。

刻字手環背後蘊涵著軍事風，是一種陽剛的代表。一直以來金屬手環與男性風格焦不離孟，銀幕上的馬龍白蘭度或詹姆斯狄恩在二戰後藉此手環紀念將士們。這種帶點叛逆、個性的手環，最好是單獨搭配，跟手錶戴在不同隻手；但很多義大利型男卻喜歡把金色手鍊和金錶戴在同一隻手，都會時髦的流氣。

能為海洋 look 帶來畫龍點睛的是從繩索或纜線，到船錨或魚勾來固定的手環。Surf fashion 衝浪帶動的美式文化，已超過 50 年歷史。妙的是，戴一條手環當配件，即使幾乎不去海邊的人，也會奉為一種時尚的 style。

日本代官山一家衝浪板店。掛在竿上，五彩繽紛的手鍊、手環很吸引我，全是尼龍編繩作的，而且運用繩結扣合，和一般飾品大不同。刻在海錨勾或魚勾上的 MIANSAI 字母，原來是紐約 Michael Saiger 所創立的配飾，魚與船釘造型繩繞手環很顯然是受了衝浪者的影響。利用不同色彩的魚線搭配異合金勾環，獨特而率性。美國設計師 Giles & Brother 發想自釣具的一系列飾品，也很 cool！

串珠手環隨興的民俗風頗受型男喜愛。從木珠到水晶、不管是黑檀木或塑料，串珠手環無論改變材質、顏色或大小，能夠輕鬆堆疊出多種風格，我曾在倫敦跳蚤市場信手買過幾條，挺有特色，通常會和結合銀飾、皮繩、金屬材質的 Bottega Veneta 手鍊大膽混搭，獨一無二！

很多人高喊「時裝已死」，卻忘了時代背景下所造就的風潮，持續發酵。我不諳水性，更別說衝浪，但是，一條繞在手腕上彩色尼龍魚線手環，頓時讓我享受著御風破浪的快感。

這不就是fashion的移情作用嗎？手環是我延伸個性的私人小物，有趣又賣弄。

眼鏡，鼻梁上的工藝

一副是基本，兩副不嫌多，超過三副是正常，我對於天天戴在臉上的鏡框，不敢掉以輕心；但一張臉能戴多少副眼鏡？什麼臉要配怎樣的鏡框？時裝秀上，大鳴大放的鏡框讓人忍不住多看兩眼，要戴就戴最能抓住目光的吧！

事實上，鏡框早被我視為一種增添個性的配件，即使被迫換上老花眼鏡，不甘老是那幾副鏡框。

與其說我鍾愛「黑膠框」，不如說是我對「賽璐珞」材質從深處透光、發亮的質感的著迷和考究。「輕質化」薄鋼材的ic! Berlin、色彩和紋理多變的醋酸纖維，比設計的「個性」，最近迷上牛角，輕盈而奢華。

賽璐珞鏡框硬度夠、密度佳，特殊紋路和觸感格外細膩，且有一種特殊光澤，和機器射出成形、大量產出的塑膠框眼鏡有很大差異。手工鏡框事先得把賽璐珞板料放置一定時間，讓它「出水」後再壓製為塑板，最後手工切割、打磨，製作成品，一般至少是3年。

一副高級感的牛角搭配古印地安銀飾雕的手工框，是只有在日本福井縣鯖江市，少數手造工坊裡才見過的貨色。年產量不超過百來副，很有巴黎「高級訂製服」的姿態。

有一陣子迷過手工鏡框的古意，為了表彰對老師傅的尊重，常見日本師傅的名字被刻在鏡腳上。這更添懷舊的日本手造鏡框，細膩的鏡腳弧度和框架大小、形狀，甚至不同的天然紋路，很為亞洲臉型而設想周到。

十字架、劍形銀雕，生動顯眼；鼻墊上每枚小螺絲釘帽都有日本菊紋家徽的精工，鏡腳處留給骷髏頭銀刻標記，融合搖滾龐克和街頭嘻哈及中世紀宗教精神，處處流露神祕的「哥德風」餘韻。

連時尚大王卡爾拉格斐都為之風靡的 Chrome Hearts，我也有兩三副，其中刻有「See you in tea」字樣的絕版款和內外雙色的設計，讓人一點兒都不手軟。

法國巴黎龐畢度中心及美國紐約現代美術館（MOMA），都將其列為永久收藏的以色列籍設計師 Ron Arad 的新作 pq eyewear 鏡框，跨足建築、家具、雕塑和時尚的設計師，將不同材質轉換拆解，挑戰視角，跳脫鏡框的舊式格局。鼻托上，水平 A 型構造能依配戴者的臉型調整鼻距寬度，解決傳統鏡框容易滑動的問題，兼備時髦與功能特色。至於有如太空艙的特殊眼鏡盒，讓鏡框懸浮於布滿柔軟橡膠的包裝也很酷炫的 pq eyewear，十分搶手。

不能不提墨鏡。戴上它，有種躲在一片黑色鏡片後窺探的竊喜，而且沒有人覺得你做作。墨鏡最神的地方是讓人有躲狗仔的明星錯覺。但你必須知道，便宜貨看起來就只值幾百塊，不可能奢望它對眼睛提供什麼真正的保護，甚至想幻想變身巨星的虛榮感。

永遠不嫌多的是傳統 Ray-Ban 的經典 Wayfarers 款，復古、耐看，而且妙的是，居然大部分的臉型都適合。

永遠都跟不上時尚大牌推陳出新太陽眼鏡的速度，Prada、Miu Miu、Loewe、Gucci、Dior、Bottega Veneta、Tod's 等各有各的 style：無邊

的、膠框寬邊的、透明塑料的、正方的、橢圓的。不過，除了形狀之外，你或許應該進階試試從鏡框、鏡片的配色、打磨的角度和配戴的舒適度來感受一下好眼鏡的重要。

我有一支招牌 Persol 太陽眼鏡，鏡角的特殊金屬鏈扣就可以一眼識別出它的名牌身分。看起來很棒，而且鏡腳可以折疊，不容易被壓壞，更重要的，讓人有史提夫麥昆上身《虎豹小霸王》（*Butch Cassidy and the Sundance Kid*）的 fu；而電影《007》一番格鬥後，仍不減英姿的湯姆福特 Ray-Ban 款太陽眼鏡也不錯看！

如果你認為自己不適合太陽眼鏡而且信用額度夠你騷包，可以考慮手工訂製鏡框。

除了賽璐珞框之外，讓人著迷的是更高檔且受日本政治人物和有錢大老闆偏好的玳瑁鏡框。不受「華盛頓保育公約」約束的日本，應該是這種獨有手工鏡框極品唯一的製造地，平均一副道地的玳瑁眼鏡框至少要價 50 至 80 萬日幣。老師傅說，安啦！現在都是在沖繩島以人工養殖，不必擔心保育問題。雖然飽受批評，但戴過的人很難戒掉愛上玳瑁「夢幻逸品」鏡框的癮。

日本福井縣鯖江市和豬豚肉齊名的就是手工眼鏡。轉了兩趟地鐵到「堀切菖蒲園」站的「石井眼鏡製作所」，有點凌亂的工坊，下午兩點，陽光燦爛，老師傅在黃金粉屑和牛角碎片中，耐著性子一點一點地切割框形和慢慢打磨出完美稜角，這是射出成形的塑膠眼鏡框永遠不能達到的達人境界。

有人仔細測量鼻梁寬度及腳架角度，並斤斤計較一分一毫的誤差，是件很奇特的體驗，尤其牛角材質，戴上去的輕盈和時尚感，絕對值回票價。

哪天不小心忘在哪兒，刻有名字縮寫的鏡腳細節，讓它也許能回到身邊。還有什麼比這種感覺更像大明星呀！

Part3
———

時尚
心理學

香港話稱 shopping 為「埋單」，但很多時候，回想起來，其實真非買不可的成分微乎其微。但「不買會死」的理由，何止一條。諸如，證明自己不凡的品味、是舌粲蓮花的殺價樂趣、是獨占私有的快感，還是買到斷貨，見不得和別人共享的霸氣。如果以上皆是，那你可能已被貼上，一種帶有貶損的「敗家」之名了。

事實上，慾望並不可怕。換句話說，指指點點、東買西逛，想把東西據為己有的心理，可能不論財力，每個人生下來就有。好享受是人的劣根性。只是咱們老祖先的教誨，東西夠用就好，清貧是好品德，人嘛，由奢入儉難，還是養成不動聲色、不為物質所役、清心寡欲的境界才是完美。

但追求物欲，某種程度不是資本主義下，人類進步、進化的動力嗎？所以，景氣不好，精品店一家比一家開得大、貨色更高檔、更齊備，生怕錯過任何刺激銷售的機會。一只手提包、一雙看得上眼的牛津刻花皮鞋，更不要說男人對機械錶和名車的天生欲望。連著好幾年經濟衰退，「奢華」這個字眼已被到處濫用，但精品仍是年年調價，喊貴，明年就更加個零。也不知是不是該慶幸有先見之明，早幾年冒著「一隻手能戴下幾只錶」的撻伐聲，硬是買了不少品牌的經典款。看看現在價錢翻了一番，不是一種「省錢」之道嗎？

我絕不否認我很愛買，而且尤其是在「工作之需、體驗之實」的理由助長下，多年來從米蘭時裝週到巴黎大血拚、轉戰採訪波士頓全球最具歷史和規模的 outlet 之時，買戒一開，勢如破竹。有一回去歐洲看秀，買至眼紅，一整只手提袋全裝滿各種顏色的 lofer 鞋，原因無他，只怪那年鹿皮材質當道，做成便鞋，美呆了！渾然不覺，快到爆卡邊緣。

雖然還不到舉債度日的地步，但這些年來花在精品的「投資」，光看家裡最大的空間都讓給了衣帽間還不夠用；每到出國，總得把六只也塞滿衣物 Rimowa 行李箱「騰」出一只空箱才能成行；衣物倒罷了，光是各式圍巾、絲巾和年少時為了幻想當紳士必備的領帶，不下幾百來條，我也不知道為何男人怎麼也有總是少一條的煩惱。

同行眼裡「敗家不手軟」我也懶得反駁。特別是，那年去倫敦一時欲望衝腦，就這麼大氣不喘地刷了一套手工量身訂製西服，過足有錢人 shopping 的癮，但想到好幾個零零零尾數的帳單，害我好多年不敢造次。就在這個當下，旅行途中的跳蚤市場和昏暗巷弄裡不起眼的二手店卻移轉了我的注意力；因為比起反覆無常的精品潮流，復古 vintage 的魅力更能展示個人品味的表述。於是東京的中目黑區、巴黎邊界的 Clignancourt、倫敦 shore ditch 和紐約的肉品包裝區，一枚維多利亞時代的昆蟲別針、一只美好年代的相框、一面 Art Deco 的銅鏡、一套 Wedgwood 餐瓷、彩繪玻璃和廢棄漂流木同樣能激起我蒐購的戰鬥力。

一直到最近一次真的花了一筆相當於一只名牌貨的價錢，買了一位「素人」藝術家利用廢鐵棄材拼組銲接成的鐵雕，從買精品到藝品、從製造欲望到享受欲望，從惱人到誘人；藝術品的鑑賞和投資效益，我不敢想太多，比起那些拍賣會上一擲千金的藝術品拍賣，作為一個新手，我謹記，選你喜歡的下手，就不會後悔。可不是嗎？看著擺在玄關處的那件鐵雕，比起衣帽間新入荷的 Prada 正貨，買與不買？藝術品才是當今最奢侈的精品，厚厚一疊帳單，就是我「消費美學」的終極證據！

教你「壞品味」?

時裝究竟是一種遊戲,還是樹立風格的道具?我問過不少大牌設計師,也不止一次地自我詰問。答案多半是見仁見智、莫衷一是,很難辯出一個對錯。但是,每當擔任多屆輔大和實踐大學服裝科系畢展的評審時,我老是不忘提點未來年輕的「準」設計師們,要跳脫傳統、要有幽默感,作fashion第一件事就是要fun!

時裝有了趣味,的確能引起注目。但重點是,穿衣服的動機、場合和方式不同,引起注意當然不是唯一的目的。再者,趣味也有很多種,不見得適合每一個人。衣不驚人死不休的女神卡卡(Lady Gaga)就是活範本。兩度旋風來台的女神卡卡一身螢光綠和金色假髮造型,媒體給了她「人肉螢光棒」的標題,但相對於已故鬼才服裝設計師亞歷山大麥昆的「犰狳」高跟鞋、頭戴發亮的龍蝦帽飾和2012年MTV典禮上血肉斑斑的「生牛肉裝」來說,女神卡卡的品味似乎太過「正常」了。

但我對這位iTunes史上最暢銷歌曲音樂女王的評價是,身為全方位藝人,女神卡卡毫無疑問地在新世代「卡位」成功,不但改寫了瑪丹娜時代「偶像」的定位,她玩弄高級訂製服的優雅於股掌間的品味,提供時尚產業一股勇於突破、創新的力道。如果單純以「搞怪」來看待女神卡卡挑釁時裝風格的行徑,有失公允。

大部分的人都同意女神卡卡造型是一種介於美醜之間,誇張、前衛的「變裝皇后」情結;雖然有關她的品味多數伴隨著負面爭議居多,但女神卡卡的反駁更有力,「醜,才是美,我是Gaga!」事實上,女神卡卡的確透過Twitter、blog、YouTube和Facebook讓「壞品味」變成一種全世界的「品味」?

她一方面是很多時裝設計師心中的繆思，但「剃刀太陽眼鏡」、「骨架裝」、從頭包到腳的透視裝等驚恐指數破表的舞台裝，教人張大了嘴巴，尤其遊走於「假髮、光頭和帽子」之間的造形功力，簡直把交錯著暴力、權力和性的「壞品味」帶入高潮。

其實女神卡卡系出 old money（富有出身），對品味絕對有一定的水平，女神卡卡私下鍾情於 Chanel 的軟呢套裝、山茶花和 Gianni Versace 的巴洛克印花，她也穿「YSL 左岸系列」全黑褲套裝，低調、出眾，展示了隨興掌控時尚的「功力」。與其說是搏版面，不如說是女神卡卡對古典、傳統和舊社會時尚品味的一種反叛！別忘了今年女神卡卡舞台 MV 造形服飾有很多居然出自 Giorgio Armani 之手是最好的解釋。

說起時代偶像對時潮的影響，女神卡卡之前已有不少前輩把「壞品味」也表現得淋漓盡致。女神卡卡並不諱言，挑釁意味的樂風和時裝品味，大衛鮑伊（David Bowie）是她仿傚的偶像。紐約藝術設計博物館曾對搖滾歌手大衛鮑伊的定位作出解釋，「20 世紀最破表，也最標新立異的文化偶像」。一如他為男性掀動「華麗搖滾」（Glam Rock）的時尚革命，餘音裊裊，影響至今。

搖滾震撼人心，不止是節奏，而是一種態度感召。提起大衛鮑伊，這位搖滾樂史上極具戲劇效果的「變色龍」。他嘗試混合電影、默劇、西藏佛教和愛作為音樂的實驗；遊走於民謠、迷幻、龐克、搖滾，又集合電影、舞台劇、佛學、概念和超現實主義之間，獨創「華麗搖滾」樂風和亦男亦女、妖嬈多變的「中性」裝，堪稱今日「視覺系」的老祖。

神奇的大衛鮑伊代表另一種「叛逆」。他不像嬉皮追求無性別，而是鼓勵男人和女人都要絢麗奪目。男人更沒有「衣衫不整」的藉口。宛如驀地飄忽的一道閃光，影響所及，不但是女神卡卡的舞台宗師，也是男裝流行關鍵字——華麗搖滾——的帶動者。

震撼的節拍和吶喊中，喚起一群「小怪獸」心底對美的本能。「烏托邦」幻滅了，既然純潔、美好不再，那麼就用頹廢的華麗來顛覆世界吧！優雅開始動搖，跨界設計概念讓男裝勇於「雌雄莫辨」的表態。不論 Lanvin、YSL、Givenchy、agnès b. 和 Hermès……，都試圖在優雅實穿中，融入強烈視覺感受的溫度。男裝表情日益豐富，衣櫥想像空間就跟著擴大。

女神卡卡濃妝登場了。果斷，直指人心的歌聲對世界提出主張，也勾動著時尚圈對「壞品味」的想像力；扭曲的眼影、裸露的情慾，性別，不是重點；優雅也不再絕對。如果你問我 Prada 宛如壁布般沉悶的尼龍裝是「好品味，還是壞品味」？套句大師聖羅蘭經典名言，要就最好、不然最壞；「不好不壞是，狗屎。」話雖如此，但不要忘了　女神卡卡只有一個，有關「壞品味」的遊戲還是留到參加化裝舞會再去賣弄吧！

大亨小傳，浮生若夢

「時裝是恆久的劇場，戲服源自想像中的小說。」電影《大亨小傳》是最好的縮影。時裝史是一張藍圖，悄悄建構起時空背景，反映了特定時代政治、經濟、文化、藝術，甚至科技發展的趨勢。如果想解讀歷史或者一個人，服裝是一條有趣的線索。

20年代，正值奮力對抗戰後陰霾，人們試圖從戰火中站起來。諸如汽車工業，電訊通信等現代科學的發展，帶動工業革命，而量產化更刺激了經濟和消費欲望的活躍，另一股代表新藝術崛起的爵士樂讓20年代衝上歷史上「最多彩的年代」。

男人呢？你應該看看知名小說家費茲羅傑（F. Scott Gitzgerald）1925年的經典文學小說《大亨小傳》，栩栩如生地重現了美國文學時代的穿著氛圍。劇中考究時代背景，超過500件服裝造型，從正式服裝到日常便服，包括燕尾服、剪裁得體的套裝、運動外套、大衣、長褲、襯衫、領帶、鞋子、配件等。完整重現上流社會的品味和風華。

靈感來自男主角 Jay Gatsby（Leonardo DiCaprio 飾演）及 Nick Carraway（Tobey Maguire 飾演）劇中的穿著；白色麻料西裝與深灰色背心體現絢爛與浮華；深藍色滾邊獵裝外套，展現當年代紳士對細節的堅持。Nick Carraway 穿著深綠色開襟毛衣，大翻領及袖口滾邊的裝飾，舉手投足增添男人的優雅。

20世紀「立體派」現代藝術出現，對服裝的版型、裁剪也產生重大影響。藝術家塞尚（Paul Cézanne）首先提出簡單柱形、球體和圓椎狀來表現人物與風景，形成對後期大師畢卡索（Pablo Picasso）的「立體派」創作的影響。主張把所有物體，還原到最基本的幾何圖

形，經過幾何構圖，重新組成一個新的造型和畫面。西裝，明顯占了上風。

今天看起來是復古，但男裝變得考究是卻是事實。雙排扣、三件式Waist Coat和強調腰身、提高腰線、大領片款式的西裝讓我想起20年代有關紳士的種種。手工訂做西裝急著上場，擱置已久的三釦西裝、落肩的亞麻單釦式和英式古典的條紋西裝；立體剪裁的巧思都出現男人衣櫃。啊！怎麼能忘記，絲絨、燈芯絨、窄腰小肩、開高雙衩，祕密關乎性感的晚宴式西裝！

「正裝」回籠，樂見細節的趣味。比如，同樣是一件西服，姑且不論面料和剪裁，緞料領結、袖扣、胸飾和花的、素的、點點的、滾邊的，摺成平口的或是倒栽蔥的口袋巾很搶戲，忽然間，嚴謹的西裝「醒」了過來。這種考究，正是所謂new classic最好的解釋。

奢華的武裝。福斯公司出品的劇集《無證律師》（Suits），一語雙關演的是律師樓裡的爾虞我詐、勾心角力，但件件教人兩眼發直的power suit再犀利不過。呼應角色和劇情，微露帥以袖扣的反摺袖，整體輪廓線條以合身I-Line為準，上窄下窄的俐落、雙排扣的正式，縮小領片和內搭整體的層次感；果真看見suit的power。各種體格和身分的男性在《無證律師》劇集裡，個個人模人樣。

可不是嗎？「沒西裝毋寧死」，精緻的剪裁下，強調個人風格；一如經典電影，穿著英式合身西裝周旋於美女和生死決鬥之間的007情報員Mr. Bond，浮華而優雅，令人感受服裝彰顯權力和身分的力道。

但今天 power suit 不再是 80 年代「貪婪」的過度墊肩，這種近乎荒謬的輪廓當年讓人看起來有「威信」，進而產生自我優越和安全感，顯然已經改觀。不過 powerful 對西裝來說，雖然結構和細節沒有太大改變，但相對於面料重量、厚薄和紋理的品質要求，卻更為精進。Loro Piana「世界羊毛紀錄挑戰」（World Wool Record Challenge Cup）由紐西蘭打敗澳洲取得全世界最細羊毛 10.6 微米紗線的冠軍（每根頭髮為 60 微米）；你必須同意，更細、更輕、更薄、更挺的完美西裝，意味著自信、優雅和權威。

合身是最基本的要求，時髦又正統的 power suit 將助你表現出一副準備大顯身手，「讓老闆對你產生最好印象的方法」。如果美國華爾街是某種指標，體力、智力的遊戲讓人血脈賁張。Power suit 則是另一場角力賽。幸且不論，電影《華爾街：金錢萬歲》（*Wall Street: Money Never Sleeps*）男主角麥克道格拉斯（Michael Douglas）挺拔的西裝和修整乾淨的門面，對打造「強權」男人有多重要，至少《大亨小傳》的契機，讓男人尋回 power dressing 的樂趣。那是一種帶領男士享有奢華的氛圍。相信我，正裝的魔力又回來了。

總統「時尚學分」

時尚力量大，大到各國總統也買帳的地步，事情就真的「大條」了。這股時尚變成「全民運動」的影響力，全拜名牌，甚至請動各國「總統大人」們成為欽點、御用的超級模特兒。

這場名牌較勁的場子，卡司之大、陣容之堅強，從驚動世界強權美、蘇分別已卸任的前總統，領銜全球大銀幕上掛牌的演出，即可見一斑。先是蘇聯總理戈巴契夫（Mikhail Gorbachev）以公益之名「賣」給了Louis Vuitton當上LV全球最佳廣告模特兒；後有美國前總統比爾柯林頓（Bill Clinton）在紐約現身，以個人基金會之名和Audemars Piguet公開合作，推出一只以美國總統官邸經、緯度量身訂製的限量腕表，這款拍賣的「套裝」裡還包括附贈一座白宮模型，親身一握柯林頓鹹豬手「禮遇」。

總統作秀和時尚圈搞公益也就罷了，時尚圈更猛的是，總理親上火線為時尚站台，就不能等閒視之。就職典禮全家大小以法國第一家庭之尊，毫不避嫌地棄法國設計師，而穿戴起義大利頭號名牌Prada的前法國總統薩科奇（Nicolas Sarkozy），果然未演先轟動，立刻炒熱這位法國前總統的國際時尚「品味」。

「一戰成名」不讓美、蘇老總專美於前的薩科奇，不論被下堂妻爆料、和名模拍拖、被法國大罷工搞得灰頭土臉，依然堅持在鏡頭前光鮮亮眼，不但不諱言喜好名牌，更樂得霸占國際娛樂版頭條，讓人差點兒忘了他老兄之前的「總統大人」身分。一張在國會問政時捉住麥克風的手腕、和女友出遊時腳上的半統靴、隨身配件，在媒體追逐、放大的八卦鏡頭檢驗下，薩科奇總統先生分別被Breitling腕錶、Tod's和S.T. Dupont給「包」了。

「金磚四國」之首的俄羅斯也是近年國際時尚精品青睞的處女地，而陽剛味十足的總統大人普丁（Vladimir Putin），據新聞周刊報導，他是俄羅斯政要裡，腕錶收藏和品味，兼而有之的政壇品味明星。難怪時尚人眼中，不可同日而語的俄羅斯，從總統到資本主義的精品，都是一塊大肆炒作的「金磚」。

政治圈的時尚學分，不只當家的男性總統要修，「第一夫人」更是時尚指標。從嫁作摩納哥王妃的葛麗絲凱莉到英國黛安娜王妃這兩位香消玉殞的人物，挾皇家之尊的品味為世人留下不少皇室狂潮的「經典」；更不用提，美國史上出了兩位以優雅服眾的「第一夫人」賈桂琳甘迺迪和南茜雷根（Nancy Davis Reagan）。前者帶動美國仕女佩戴珍珠和盒狀簡潔套裝風氣；南茜伴隨隆納雷根（Ronald Wilson Reagan）就職美國總統時的紅色套裝，更為她贏得獨創「南茜Red」的影響力。

也曾是美國第一夫人的希拉蕊（Hillary Rodham Clinton），在成為參議員和美國民主黨總統候選人之前，卻因為搞不定時尚而犯過大忌。一面不忘提醒耶魯大學畢業生，「髮型會釋出重要訊息，會告訴別人你所代表的是什麼。」但希拉蕊經常性更換髮型的舉動，讓她曾經因為「從未自在地以固定的美學，扮演自己的角色」而一度讓美國選民對她產生「不信任感」。而大選期間，希拉蕊甚至因為一張誇大臉部表情，凸顯的抬頭皺紋，飽受「有距離感、不夠親和和老化」的形象之苦。

終於露出笑臉的美國民主黨候選人希拉蕊，問政能力和氣魄都不輸男性，為了避免敗在女人之於時尚品味的競賽，八卦報說，痛定思痛的

她決定和不少國際政要、名人一樣，尋求全美整形手術排名之冠的「肉毒桿菌」之助。再現身，去除法令紋和抬頭紋，並試著以簡單、討喜的女性主管形象再戰的希拉蕊，一掃「男人婆」的大逆轉，理所當然地加入「總統」代言時尚的助選陣容。

台前總統即興演出，台下時尚力擴散，表面上是名牌角力，某種程度，其實不也是一種國力的展現？不了前蘇聯總理戈巴契夫化解美、蘇強權「後冷戰」的國際貢獻沒關係；沒法肯定法國前總統薩科奇的治國能力也不要緊；甚或不確定希拉蕊的「電波拉皮」微整形術能不能把她送進美國白宮也無所謂。對大多數苦悶的選民而言，面對爾虞我詐、貪腐分贓的政治黑幕時，至少這些「總統掛保證」的政治時尚秀，絕對是市井小民好好拿來揶揄的佐酒小菜。

老范的 Black & Tie 時尚趴

話說「出入各大秀場如入無人之境，參加小大派對更是無以計數」，但是，有幸受邀飛到羅馬替時尚圈大老「范伯」范倫鐵諾過75歲大壽的時尚派對，紅毯之長、分量之重、明星之多、場面之大，真是「人生難得幾回有」。

短小精悍的范老爺子一如往常，斯文紳士的形象不改，即使羅馬白天熱到高達37度，也照樣西裝革履，口袋巾配領帶，連根根髮絲都服服貼貼地一絲不苟。曬得發亮的膚色全然看不出半點兒老態，一副義大利型男練家子模樣，周旋於賓客間，令人不得不佩服老范ㄍㄧㄥ到家的紳士風度，捍衛優雅的堅持，數十年如一日。

對六七年級生來說，Valentino 是有點摸不著頭腦，分不出派系，但是大師在時尚界的分量卻不容小覷。白天在羅馬梵蒂岡不遠處教堂裡舉行17年來首度從巴黎移師羅馬祖國的高級訂製服大秀，就已是衣香鬢影，花團錦簇得令人大開眼界，尤其高掛近百幅黑白劇照布置成的秀場，氣勢萬千，不愧是大家。

老范在圈內人緣甚好，人壽賀客盈門不在話下，在羅馬私人別墅裡舉行的千人晚宴，換上一身黑色燕尾禮服以主人身分親身迎接全球貴客，前有伊莉莎白赫麗（Elizabeth Hurley）、烏瑪舒曼（Uma Thurman）、《慾望城市》的莎拉潔西卡派克（Sarah Jessica Parker）；後有卡爾拉格斐、喬治亞曼尼、後輩唐娜凡賽斯（Donatella Versace）和特地來羅馬祝賀的湯姆福特，美國版《VOGUE》總編安娜溫特（Anna Wintour）也露臉出現，光是這份賀客名單就有夠看。

嬌小的莎拉潔西卡一襲黑色小禮服，差點被人群淹沒；烏瑪舒曼可能

高跟鞋哪裡不對勁兒、板著一張撲克臉;《穿著Prada的惡魔》女主
角安海瑟威(Anne Hathaway)明艷照人地只顧貼著男友撒嬌;新婚
的伊莉莎白赫麗性感依舊,白色刺珠繡亮閃細肩帶禮服,面對我的數
位相機鏡頭,完全不忸怩作態的一句lovely!豪爽大方,上鏡啦!

派對有很多種,在下不才也真參加過不少大小場子,但教人難忘的主
題theme派對,平心而論「老范的羅馬生日宴」最cool!Party可以依
社交目的和性質設定不同主題。我聽過但沒參加過的最刺激派對,大
概是「one pound party」,意思是全身上下只能穿上重量不能超過一
磅的衣服出席;校園裡打枕頭戰,規定只穿睡衣的「睡衣派對」也頗
有青澀回憶;直到出了社會,留洋好友男女雙方婚前特別舉辦的新娘
派對,穿著警察制服的猛男脫到只有小褲褲遮羞,比起三不五時時尚
圈為了造勢的「社交」意圖明顯的派對,「腎上腺和友情演出」才是
最值得回味的主題。

所謂「黑白配」派對可能是時尚圈裡門檻最低的主題,任何人都可以
搞定;最常設定的派對主題不外乎是色彩:「粉紅色」、「紫色夢幻」
或要求穿上「橘色」配飾的主題,嚴格說起來也還不至於難倒人。台
北麗晶酒店年度的「復古」派對、微風廣場的「黃金賭客」派對、
「牛仔」派對等,張羅道具,也都能過關。

國內收到請卡註明「black & tie」正式禮服規定的派對不多,這種高
規格的主題,在受邀羅馬參加老范生日派對得到最完美的展現。雖然
沒有規定非得來點大師獨鍾的紅色,但范老爺子每到一處都有紅地毯
「伺候」的「星級」規格,你就可以想像范老爺子壽誕的排場和隆重
了。

既要表現時尚感，又不想落了穿得像領班的俗套，站在穿衣鏡前，我選了 Gieves & Hawkes 的白色領結，配上 Gucci 禮服式硬挺小企領的白襯衫，黑色 Giorgio Armani 單扣西裝和 Tod's 漆亮皮黑色豆豆鞋單槍赴會。派對上，無意間和帥哥湯姆福特一起「洗手」，從裝飾華麗的大片玻璃鏡裡偷瞄一眼，雖然不敢和白色兩扣禮服配襯白襯衫、黑領結的世界級設計師比美，但也不至於辱沒咱們「台灣代表」的鋒頭。

暈呼呼地從羅馬飛回台北的商務艙裡，點一杯香檳，盯著那張捨不得丟了的燙金、工工整整以沾水鋼筆書寫著「Eddie Yuan」字樣的邀請卡，彷彿范老爺子羅馬盛況又回到眼前，怎說呢？總之，奉勸你要隨時備好「一套」，等著接到生平第一張 black & tie 的邀請卡吧！

愈熟愈懂得欣賞

HTC狠砸1200萬美元邀請小勞勃道尼（Robert Downey Jr.）代言智慧型手機、喬治庫隆尼自導自演推出自有品牌的龍舌蘭酒Casamigos、李宗盛「既然青春留不住」演唱會可是用秒殺的、Johnnie Walker威士忌單挑李小龍為看板人物……這些以前、現在或可以預見未來的銀幕硬漢、浪子和雅痞，彷彿時間站在男人這一邊，走過黃金歲月的成熟魅力銳不可當。

從最現實的男裝週反映出，男裝討論的趨勢不再只是色彩或款式，焦點反而是「熟齡」的潛力。我指的是這塊有消費能力和一種想穿出sense渴望的男性族群。無關設計師的年齡或品牌歷史，因為很明顯的，市場似乎能夠感受到，「愈熟愈有味道」的風向。

背後由LVMH出資，Alessandro Satori擔綱設計的Berluti服飾，僅僅推出第四季，已迅速建立起「機能性」的品牌風格：看起來像襯衫的夾克、一件輕薄而能裝在一顆球裡的風衣、有著陶瓷塗層使之看來像是輕薄皮質而能防水的絲綢夾克。令人印象深刻的是，它瞄準的全然是「年長而富裕，並渴望成為型男」的消費者。

有更多男裝設計風格上的移轉也是為了塑造成熟男子的魅力，Louis Vuitton設計師Kim Jones一系列男裝由清一色年輕小伙子演繹，但實際上並非如此，這些格紋、紮染與拉鍊式的夾克更容易打動的是店上那些較正式、成熟的男性顧客，滿足了另一部分的青春夢。

沒有人會反對，優雅是一種成熟後的反思和累積的品味，Hermès替那些度假的男人而準備的輕鬆裝束：包括一字領的條紋亞麻長袖上衣，既簡單又令人渴望。Haider Ackermann發表了他自己的第一個完

116

整男裝系列，將女裝著名的設計：外套與夾克強調肩線與腰際線條，轉移到男人身上，豐富寶石色布料的奢華氛圍，只有人生最精華的中年男性才會了。

從過去的經驗來看，大多數人對於時尚與風格的展現都會直接聯想到年輕一代。但男性時尚產業這股追隨「舊世代風格」卻正要崛起。這是個有趣的現象，時尚歌頌的是「想要找回年輕」的夢想。但現在男裝總算認清了，必須和熟齡的、真正花得起錢投資自己的顧客打交道，這樣年齡上的多元化使 Hedi Slimane 在 YSL 的男裝設計雖然持續以纖細的年輕男性各種修長、短版外套，及繫了皮帶的緊身高腰長褲為主，但是，那些超棒的淺藍色牛仔褲，你不能不說這不是另一種勾動「熟齡」購買欲的說服力。

Raf Simons 則是一趟明智的心理歷程，無論是找回剛出道時的複雜性，或是現在對男人的觀察。並列的文字與圖像出現在他印花 T 恤上，開著敞篷車，潛水運動員及純真的廣告語言，大都透露著年輕、樂觀的氛圍，肯定吸引更多熟齡男性粉絲。

樂觀的氛圍，設計師真正意識到男裝的可能性：不羈、更直觀、更具可穿性。當然許多成熟男性還是選擇保守和傳統，但時裝週裡「成熟＝男性魅力」這樣的氣氛開始發酵。就像，總有一天，你該將衣櫃裡那些幼稚的衣服統統淘汰掉。沒有人願意看起來像個失敗者。

我們從這波「熟男」為師表的時尚趨勢學到的是，讓男人更自信並更有智慧。紳士在日常生活偏好穿得較正式，因為至少當穿正式些，減少犯錯的機會。而另一個針對熟齡 style 的關鍵在於看起來 smart。

就算你不是大明星，夠酷的配件也許可以幫你創造個人風格。隨著年紀增長，該考慮穿得更保守一點？身上的刺青看起來格格不入？別傻了，自在的 style 它讓你看起來與年輕時一樣棒！時尚裡的成熟是精緻，而不是縮回校園裡的傳統八股穿法。

不知什麼時候開始喜歡老爸的 Rolex、喜歡穩穩健健的 Mercedes-Benz、喜歡不加冰的威士忌、喜歡衣標後面設計和質料的細節、走出「男孩和男人」的輪廓是自發性的、有的人一夕開竅，有人好酒沉甕底，慢慢領會。

單一純麥和調和威士忌一樣好喝、訂製西裝的扣眼為什麼是活的、怎麼把格子和條紋同時安放在身上、繫鞋帶的不見得是「牛津鞋」，為何帆船鞋就是要光腳穿？口袋巾不只是點綴而已，旅行時不忘帶著喀什米爾的開襟毛衣或圍巾、為何紫色特別適合我？牛角框和賽璐珞的不同……我說的是一種「分辨好東西的能力」代表成熟的品味。

從哥哥到叔叔，我現在有多成熟？以前凡事「太用力」，連去按摩都被師傅嫌身體怎麼那麼緊張？現在學會安步當車；知道自己人生的優先順序、明白不求回報、更不必委屈，淡定不代表輸贏、身體和心理不再彼此抗爭，試穿新衣時，我很清楚，腰圍和腦容量一樣會增大時，心裡就安慰多了。

熟，不代表一定要和「萌」爭寵，更不是為了老，找藉口。熟悉的、安心的，放輕鬆的，就算你有六塊肌、人魚線，又怎樣？承認吧！愈熟愈懂得賞味。尤其是作為一個世故的、有魅力的男人。

復古的二手心情

「懷舊」、「二手」、「骨董」……對很多人來說，一夕之間「喜新厭舊」已經落伍了。「復古」彷彿成了現代人方興未艾的新潮流。有人是為了四五年級的情感。賈利古柏（Gary Cooper）、瓊克勞馥（Joan Crawford）、貓王（Elvis Aaron Presley）、賈桂琳甘迺迪、以至艾爾頓強（Sir Elton Hercules John），和永不過時的玉女掌門人奧黛麗赫本的魅力，不減當年。

80年代的名模又回來了。Chanel之於名模凱特摩斯、Lanvin挑中琳達伊凡吉莉絲塔、Dolce&Gabbana找來「黑珍珠」娜歐蜜坎貝爾；巴黎街頭櫥窗裡把舊電影海報當成布景；最chic的colet精品店裡的主題換上老漫畫；妮可基嫚的《超完美嬌妻》裡50、60年代的灰姑娘畫面令人莞爾、蔚為時尚的70年代狄斯可和瑞典合唱團ABBA的老歌、時尚圈裡的Miu Miu和Ferragamo推出厚底船型鞋再度風靡、前身是歷史老師的英國另類時裝女王薇薇安魏斯伍德習慣從英國歷史中挖寶的經典設計……總之，現在新事物都因為折衷融合了老東西反而引起市場共鳴的效應似乎都把潮流指向了「復古」。

老東西，滿足了人們記憶中的安全和溫馨情感。於是加了鄉愁和懷舊的調味料，突然成了21世紀行銷的萬靈丹。根據一項市調，有百分之六十九的人希望「有機會參與慶祝或活動時，和別人分享重要時刻的需求大增」；換句話說，分享的價值觀成了最佳賣點。《奢華，正在流行》一書裡說，「限量，但非絕無僅有；貴一點、但不光是貴；它陳述了共同的價值觀。」觀察這種價值觀，它並不是畫分階級，而是藉由共同回憶把人帶回往日時光，而且是美好的經驗，也許正是我們對抗經濟蕭條、政局紊亂、生命無常的一種安慰。

大多新奢華都帶有「工藝」價值，不全然是手工打造，但至少某個部分具備了傳統為依據或是手作的工時。Mercedes-Benz汽車的手工月桂木鑲邊、手工釀造的伏特加酒、不含防腐劑的手工麵包、跳蚤市場裡老祖母的衣著、日本眼鏡框上刻意寫上Hand Made的字樣、Prada推出Vintage系列……與其說購買是為了凸顯身分，不如說是表達個人風格；二手貨的經歷和經驗正好滿足了這群「什麼都可能嘗試，但卻不易付出忠誠」的消費價值觀。

以情感為基礎，「觸動人心」是必要但非充分的條件。誰付出的情感多，誰就可能是贏家。Chanel打著收購巴黎五家傳統製衣工坊而推出成衣系列，雖然貴，但卻成功地觸動一群新的奢華心理；Tod's和法拉利賽車合作的限量豆豆鞋，不但鞋底印上法拉利字樣，有錢也只能在全球特定店裡銷售的點子，也沾上一點玩弄情緒的邊兒；女星莎拉潔西卡派克在《慾望城市》影集炒熱了Manolo Blahnik細帶高跟鞋，和Cosmopolitans「大都會」伏特加調酒的魅力，就好像60年代，憂鬱奶油小生詹姆斯狄恩和牛仔褲叛逆情緒的連結，牢不可破。

腦子裡還停停留在某個週日，一個人清晨在巴黎跳蚤市場閒閒亂逛的畫面；寫字檯上半躺著穿著軍服的玩偶是三年前去倫敦出差時以7英鎊買來的回憶。往機場的路上，記憶開始倒帶。從倫敦的舊貨攤到堆放著Louis Vuitton骨董箱、柏林圍牆外前蘇聯的軍用品市集、波蘭週日才聚集在華沙足球場外的人潮、紐約蘇活區的北歐式家具，和瀰漫著一股奇異氣味的曼谷市集，再回到南非開普頓的露天市場，品味，在這裡，各憑本事。

對於出生於1946年至1964年，深信承接舊傳統守則；實際工作中流

汗、流淚；相信努力、勤儉是美德；紀律和工作是必要的「戰後嬰兒潮」的我來說，懷舊，何止只是時髦玩意而已。

如果「復古」成了一種新的奢侈。看著端放在起居室裡在巴黎 Paul Smith 男裝店隨處可見的鐵皮機器人模型，如果 10 英鎊買一枚十字軍別針，買到一分古早的、似曾相識的溫暖，你覺得奢侈嗎？

007的性感 Man 味

年底前，末日後，一連好幾個宴會，重點是，難得帖子上都特別註明 black tie。甚至挑釁到 dress code is all black，對於後勤補給充足、就怕沒有機會巧扮007的我，這樣要求並不算太難，就怕辦趴主人不出題。

記得有一次參加在台北101的一場烈酒餐會，前後不下問了數次，「打領結的那種嗎？」black tie 的正式禮貌我懂、行頭也有，但有鑑於此地VIP一向對 dress code 視而不見的習性，擔心只有我繫上黑領結會成為餐宴裡「總領班」就糗大了！結果令人振奮，與會男士都打了領結，但可惜的是，大都是借來的現成「假」領結，鮮有人是手繫式的，為了表現「與眾不同」的品味，酒酣耳熱，我順勢鬆開領結的瀟灑狀，大約也只有007龐德可以比美，豈是一個「勝」字了得！

可不是嗎？007情報員，1953年英國作家伊恩弗萊明（Ian Fleming）筆下的間諜，勿庸置疑地為男性寫下鮮明而永久的範本。對照於現實，這位冷戰出身、英國血統的銀幕英雄，一路走過70年代、80年代，邁向21世紀，即使第六任丹尼爾克雷格（Daniel Craig）的肉壯型男，一點兒也無損「007」詹姆士龐德成為男性，機智、享樂、激情和時尚象徵的地位。總是周旋於異國美女和千鈞一髮之際，從容脫身的007，沒有男人可以超越這位銀幕英雄為「風流倜儻」所畫下的時代註解。

從史恩康納萊、羅傑摩爾（Sir Roger Moore）和皮爾斯布洛斯南（Pierce Brosnan）到面無表情的硬漢丹尼爾克雷格化身詹姆士龐德，走過50年、23集007系列電影中那麼長壽、那麼剛柔並濟、那麼守著格調、那麼自我感覺良好；即使《空降危機》，英國情報總部MI6

被炸，帶著M夫人灰頭土臉回到舊居尋根的黑暗詭異，龐德似乎不再那麼精良、精緻，即使電影裡007依舊衣冠楚楚地穿著義大利或美國Tom Ford手工西服狂奔或調情；甚至第三任的羅傑摩爾喜歡偶爾鬆動一下，穿上休閒裝表現007的幽默一面，卻被批為輕浮。龐德，終究是英國紳士。

和瑪莉官（Mary Quant）的迷你裙、披頭四（The Beatles）並列為60年代重要文化現象，回到那個沒有其他007的年代，詹姆士龐德，有誰能夠阻止他做任何事？尤其那一口蘇格蘭口音，史恩康納萊，即使83歲高齡，仍然被認為是「活著的最性感男人之一」。

每個時代都有銀幕偶像，回頭細數男人的性感。「好萊塢之王」，克拉克蓋博小名Gabe的是個萬人迷，包括在《亂世佳人》裡的Rhett Butler。結過5次婚，儘管胸肌不那麼結實，30年代沒有人能抗拒他的男性魅力。40年代輪到暱稱「The Voice」的法蘭克辛納屈（Frank Sinatra）「發聲」的年代。這傢伙以歌聲、深邃雙眼及「痞子風格」征服美國人的心。

50年代全名Elvis Aaron Presley卻不及他的另一個名字「貓王」出名。搖滾之王的流行歌手，當然，油頭、緊身喇叭褲，絕對是「白馬王子」的表率。一生桃花不斷，並不令人意外。「壞小子」形象與穿透靈魂似的眼神擄獲世代女性的時間遠比他的一生還長。詹姆斯狄恩，24歲悲劇性身亡，無損於女性為之癡狂的叛逆男星。

60年代豐厚的唇、健美的胸肌；Ray-Ban墨鏡下難掩保羅紐曼（Paul Newman）藍眼珠的魅力；他為男性浪人寫下玩世不恭的完美劇本。

同樣金髮碧眼贏取性感頭銜的勞勃瑞福（Robert Redford）在《英雄不流淚》（*Three Days of the Condor*）、《大亨小傳》演活了鐵錚錚的漢子。

如果不能錯過70年代《激流四勇士》（*Deliverance*）中畢雷諾斯（Burt Reynolds）迷人的鬍子。哈里遜福特（Harrison Ford）的「印地安那瓊斯」（Indiana Jones）出現在大銀幕，沒有什麼好說的，全球都愛死他。整個80年代票房保證，更多《星際大戰》（*Star Wars*）、《法櫃奇兵》（*Raiders of the Lost Ark*）、《絕命追殺令》（*The Fugitive*）。但炙手可熱的超級男人還有《終極警探》，美國紐澤西長大的布魯斯威利（Bruce Willis）的爆紅，證明了80年代男人的man味。

90年代男人性感變得多樣化而且熟齡。強尼戴普（Johnny Depp）的出線，應該被放在90年代型男名單上。《剪刀手愛德華》及《這個男人有點色》片中，第一次驚覺他的魅力來自蒼白、陰柔，甚至有點詭異色彩，很明顯地為男性性感提供另一種選項。

認真又嚴肅的丹佐華盛頓（Denzel Washington）「不以賣弄性感而成為性感」象徵；喬治庫隆尼從《我愛羅珊》（*Roseanne*）當紅電視劇，很早就贏得性感稱號。1996年《惡夜追殺令》（*From Dusk Till Dawn*），這部昆汀塔倫提諾（Quentin Tarantino）的黑色吸血鬼電影始終和007特務一樣保持「單身」，讓他像搭了火箭，一飛沖天。

挾著關於一個普通人類女孩愛上高貴又俊俏的吸血鬼故事席捲全球，羅伯派汀森（Robert Pattinson），16歲就在《暮光之城》第一集裡出

現，但一直等到他像吹氣球一樣地把肌肉堆砌起來時，同時也是健身模特兒和教練的銀幕新星時代來了。

布萊德彼特，1991年《末路狂花》（*Thelma & Louise*）從無名小卒變成hot男星，和安潔莉娜裘莉結婚，這位現實生活裡蓄著山羊鬍老爸的魅力，再次獲得Chanel No.5香水代言的肯定。

末日沒來！究竟什麼是現代男性版本的「俊俏」？德國Regensburg大學做了一項調查，用電腦不斷模擬不同臉孔，希望找出最受歡迎的look。令人意外的是，大多數女性認同的「帥」，卻也被認為「看起來很自大」，或是「沒什麼個性」。反而醜代表一種「友善」。

網站也列出一些讓女性覺得具有吸引力男性特徵。上半部稍寬、較高的顴骨和明顯的下顎，也就是較長的臉、豐滿而勻稱的嘴唇和較深的膚色等等。當打量鏡子裡的你時，至少可以確定的是，穿上燕尾服black tie的007，不再是超級全能英雄。

硬漢可以感覺到痛，可以對年華老去感覺良好，可以對自己的過去和未來更從容，007詹姆士龐德大叔替我回答了這個問題。

125

瑜伽初體驗

不只一次，很多人狐疑地問我，《穿著Prada的惡魔》情節有多真實？我也必須告訴你，當《Vogue》老總安娜溫特（Anna Wintour）女士每天精心修剪她的招牌瀏海時，早上七點的我，已盤腿端坐在教室裡準備和身體對話。沒錯，時尚教你打理外表，不過，很多時候如果不了解身體語言，好像就是欠一味。

宛如進了太陽劇團，這是我的第一堂瑜伽課寫照。如果人生有好幾堂課，起源自印度北部喜瑪拉雅山，古印度修行者觀察大自然間動物或植物，各有其治癒、放鬆、睡眠自為法則，甚至有一種痊癒作用。於是將這些姿態加以改良，產生一套既能心靈平靜又能對身體有益的動作。

瑜伽，像綠洲之於都市的救贖？身、心、呼吸合而為一；淨化身體與思緒中累積的壓力與負面情緒，透過呼吸平復內心波瀾。對我而言，絕對是理想和目標，但大清早來一招「攤屍」不動如山的我，心想顯然離這般活僧修行境界的瑜伽還有一段好長的磨合。

兩腳與肩同寬，雙手微彎、十指張開，肩胛骨向後展開，手伸直，胸向前向上滑開，彷彿有根線在向上牽引著頭，好一招「眼鏡蛇式」。我也知道循序漸進，而非立即挑戰極限，但現在是清晨七點三十二分，偌大教室裡安靜地、像某種儀式般，我只聽得自己急促的呼吸和不住滑落在軟墊上的汗珠，「讓心情沉澱下來？」對我來說，只有什麼時候手可以不抖、腿什麼時候不痠。

只聽得口令，伸展再伸展、扭轉再扭轉、曲來彎去，有時身體分不清方向、上下和左右，手和腳更是不聽使喚，一會兒向前伸直、忽而又

要抱首折壓；腳和身體是一條線，但下個動作卻又變形側腰；吸氣，用丹田吐氣。前後左右的同學早已動作純熟的各自表述，只有我依樣畫虎反成犬。

瑜伽早就從印度散播到全世界，以其對身心的幫助讓許多人投入這樣的修行。《紐約時報》的調查估計，全美約有1580萬人練習瑜伽，瑜伽周邊商機更約有60億美元之譜。因此應運而生了許多不同的瑜伽流派。

初生之犢的我本來肖想參加「熱瑜伽」，這種由印度瑜伽大師比拉克姆（Bikram Choudhury）在美國所創立的一個流派。在36～40℃溫度的環境下，跟著呼吸的節奏，進行26到42個體位的肢體伸展動作。身體透過大量流汗排毒，高溫也增進身體的柔軟度，並有助新陳代謝，但一古腦地飆汗，分不清是痠痛的淚，還是高溫催出來的汗。

拉丁流行歌手瑞奇馬汀（Ricky Martin）是哈達瑜伽的愛好者，我合理推測他的「電動臀體位」是瑜伽嘉惠的結果；女星潔西卡艾芭（Jessica Alba）更是懷孕期間積極進行瑜伽，而成為瑜伽的倡導者之一。全球最會賺錢的名模吉賽兒邦臣也是瑜伽的狂熱者。靠著瑜伽與運動，讓她在產後數星期便回到了最佳體態，繼續撈金。瑜伽，這時候變成一種鼓舞。

學會控制呼吸。從鼻子吸進再吐出，一面示意動作，一面叮嚀的老師，氣不喘、臉不紅地示範基本姿勢；但我腦子卻一片混亂，正努力讓手腳協調，或是在硬撐著「下犬式」的動作，暗自期待趕快喊卡，感覺一陣不由自主的扭曲，找不到相對位置的身體正在和心靈對話。

127

你最好是一條橡皮筋或下鍋前的麻花；我發現幾乎99%的瑜伽動作都包含一種以上的伸展跟扭轉。從肩膀、脊椎、髖骨等，而且幾乎所有的動作都會強調脊椎，不論前彎還是向後拗，瑜伽針對的是身體最「不常動」的肌群訓練，體驗的我，滿是挫折。

一開始想到瑜伽，盡是些將身體折來折去的畫面，的確這些看似不可能的姿勢，其實，但也沒有折到軟骨功的程度。從第一堂課，丈二和尚摸不著頭腦，到因為不斷拉筋，伸展。魚式、嬰兒式、英雄式。每當筋肉緊繃痠痛，心裡念的是，瑜伽到底會不會變瘦，畢竟它只是在一塊墊子上的運動的動作。結論是：「看起來變瘦，因為曲線變好。」藉由扭轉姿勢，帶動比較少用的肌肉群，久而久之筋肉拉開了，自然可翻折自如，不再神奇。問我成效如何？目前為止，至少可以確認，別人看我神清氣爽多了。

持續練習，轉變、進化，做瑜伽有點像打通任督二脈。整個人後彎呈現拱橋狀，頭心離地的「全輪式」，地是天，天是地。說實話，從蓄鬍子、刺青；現在是瑜伽，對肢體有更深的了解的我，試著找回身體的自主權。和身體對話，挺胸、縮腹；身體自信了，肩膀放鬆了、心境自然開闊平順了。

晨曦微透，嘿！聽到請留言，「我不在家，就在往瑜伽課的路上！」

微醺與宿醉

我喝酒，但不酗酒；我為了慶祝，選擇喝酒。

啵！一聲，聽見軟木塞從瓶口蹦出，酒氣一湧而上的暢快是喝香檳最教人期待的心情；等酒倒進高腳玻璃杯裡，看著粉紅或淡金色的氣泡徐徐上升，啜著、飲著，真心陶醉的是那種「奢華年代」decade of excess的氣氛。

即便是喝醉，我也儘量含蓄、優雅，不讓內心波濤示人。酒助人解壓、達成紓解，但對我並不適用。我並不依賴酒精解放自己。就算笑我太ㄍㄧㄥ，我也不想喝到爛醉而失控。關於這點，或許和小時候，老爸喝多了，會把我從冬天熱呼呼的睡夢中叫起來「訓話」有關。

喝醉的人以為，酒有一種安全感。他們以為酒精是安慰人的特殊力量、解愁的，或是壯膽的力量；酒也許是溝通方式，不一定最好、但最快也最直接。喝酒有很多境界，白話形容「微醺」最美；但台語用「茫」字更為傳神。酒有種溶化感；第二、第三、第四杯之後，藩籬撤了、膽子大了；溫暖而放鬆的感覺，其實只是一種「幻覺」。

續攤，少有不醉。我有一位並不貪杯，但每喝必追酒的朋友說，愈有壓力就愈容易喝醉，所以她告誡周圍的朋友，喝酒前千萬不要勸她別喝醉；酒像魔術，把白天精明、能幹的強人變成性感又有點失控的人，其實我也承認微醺很美，但妙在「茫」和「醉」往往只是一線之隔，喝醉了，眼神溫和、身體柔軟、滿口洋文，彷彿酒變成一層溫暖的甲冑，把眼前的小女人緊緊包住，投向一種神祕而又無助的幸福裡。

有一種人，喝醉會失憶，之前發生的事，完全不記得。另一位幾杯下肚，壯著膽子瞎攪和的功夫無人能敵，不論新朋友還是舊識，無一倖免；第二天被指甲抓花的手臂和冷不防被咬的齒印，更別提自己爛醉後跌撞得處處瘀青。妙的是，我常想，喝醉的人是真的不能控制，還是有意識地大膽發洩。

嚴格說來，我應該有兩次喝「掛」經驗，宿醉的後遺症是隔天吐到綠色膽汁；昏頭昏腦的代價是滿懷羞愧和不安，「我再也不要喝醉。」第一次喝醉是米蘭 Gucci 秀後的私人派對上，湯姆福特靜悄悄地出現和媒體寒暄；面對設計師的崇拜心理作祟，六杯，無色的伏特加酒下肚，我只記得回到旅館抱著馬桶狂吐；第二回醉臥在自家，是為了安慰失戀友人，陪他喝，喝到完全人事不知分不出是淚還是酒，結果為了照顧喝掛的我，朋友反而忘了失戀的苦楚。

但喝醉好像也非一無是處。藝術家的苦鬱之美，往往在酒醉之後，產生莫名的鼓舞，「人生如夢，一尊還酹江月」，飲酒在中國文人詩意裡是少不了的宿命。但是，現實生活裡有些職業卻特別容易招惹飲酒，布魯斯威利演活「身手潦倒的偵探或過氣的刑警，電影中，總在貪杯酒醒之後，大發神威完成任務。也許喝掛，也是一種很 man 的表現。

我有很好的理由和機會可以喝酒。出入時尚派對，多半清一色是氣泡酒和紅、白酒；我在中國紫禁城裡喝過香檳、在盛產伏特加的波蘭首府官邸喝烈酒、在南非開普頓一個隱庇的德國小酒莊裡就著中國瓷器喝葡萄酒、也親自去過紐約上城那家《慾望城市》四個都會慾女傾訴心事的酒吧，點一杯粉紅色的「波夢柯丹」調酒；有一年飛到摩納

袁青時尚學

哥在Montblanc為紀念葛麗絲凱莉王妃的盛宴上，和阿爾貝（Albert II）親王喝一杯，當你身邊坐的是007女郎英國女星伊娃格蓮（Eva Green）和中國鋼琴家郎朗時，的確要一點酒精的助興。

喜歡看朋友被「長島杯茶」不知不覺地醉倒；龍舌蘭酒的檸檬角沾著鹽巴喝，有種莫名的狂放和興奮；第一次喝「血腥瑪麗」是在商務艙裡點錯而有的嘗試，番茄汁混了酒精的苦味，一點不性感；蘭姆加牛奶的「卡魯那」咖啡酒是我去夜店第一次點的調酒。

對我來說，好酒講年分、產地和血統，調酒則有自己的個性。香檳是貴婦、啤酒像村姑、紅、白葡萄酒、伏特加和威士忌、日本清酒都各有各的文化和性格。但我對中國的白乾文化卻敬而遠之。小時候看父執輩喝酒，不是紹興就是高粱，前者是黃湯、後者像烈士；那個年代不流行夜店，喝中國酒是拚豪放的。基本上，我不愛獨酌。總覺得酒精的作用在於催化集體式的歡樂。不過，自從學會幾招伏特加調酒之後，偶爾在家裡獨飲，為忘而喝、為喝而醉，也倒自得其樂。

無論如何，喝酒最殺風景的莫過於，斗大粗黑體字的警語！但是，真的，我不想為了這篇滿是酒氣的文章，沒有加警語而肇事。所以，你問我飲酒最高原則是什麼？酒過三巡，罩子放亮，high到最高點，酒後不開車。

師「髮」時尚

對洋人來說，尤物一直和金髮脫不了關係。相對於老中烏溜溜的辮子姑娘，也是對口山歌裡少年郎爭相追求的對象。不過，在倫敦親眼看見一頭雞冠式怒髮的龐克族呼嘯而過；東京街頭染成淡金髮色的109辣妹；港劇裡動不動上法院時，男主角戴上一頂英式宮廷髮帽的驢樣；或是友人不惜拔掉前額髮囊以保持頂上如剃刀般，一片光潔「莊嚴法相」，我們對身體髮膚的魅力，究竟了解多少？

說起髮型流行，不能不回到19世紀以前，女性高高聳起的髮式，不但是當時的美學，更重要的這也是為丈夫爭取社會地位的表徵。有趣的是，風水輪流轉，當剪掉一頭捲髮的男士外出工作，頂了複雜髮式的女人反倒淪為家裡蹲的廚婦。

幾乎和20年代畫上等號的可可香奈兒，不但在服飾上解放女性被綑綁的身材，提倡運動和參加社交活動的女人，在她帶領下，剪了甘冒「違背上帝旨意」的短髮從此開始風行。這也使得髮型正式被納入個人造型，和流行掛勾，每一個年代似乎都能衍生出一種代表髮型，令人一眼難忘。

長長短短，或上電捲、或綁辮、或披散的髮型，到了50年代又出現了另一次革命性的改變。維達沙宣（Vidal Sassoon）這位英國仁兄鼓吹拿起剪刀「喀嚓」一聲，不但剪短頭髮，而且是像刀砍過般齊齊剪出及耳俐落髮式，風靡一時。到今天沙宣成了美髮界大老，也是英國知名的髮藝學院，甚至發展成行銷全球的美髮品牌。

接下來嬉皮當家，迷幻藥讓人們暫且忘記性別，時髦人士的頭髮又從原本幹練的短髮，忽而變成編了無數彩色小珠串，並在前額蓄起瀏海

的頹廢造型。宣告披頭散髮結束的正是把衛道之士驚得目瞪口呆的龐克一族。刺青、穿環和皮衣、鐵鍊之外，龐克最讓人記憶的是染得五顏六色、不知用掉多少定型髮膠的海星式髮型，一路特立獨行的髮式被列為人類流行歷史「經典」之一。

就男人來說，克拉克蓋博的鬍子和他塑造出的油頭，或是約翰屈伏塔扭腰晃臀的招牌迪士可髮型，算為男人樹立了髮式的流行代表。但也因為髮膠和剪髮技術的突破，《朱門恩怨》裡的瓊考琳絲（Joan Collins）貴婦髮型、《霹靂嬌娃》運用捲髮器和反梳技巧製造出一頭看似凌亂但又有層次的「法拉頭」，讓金色波浪式的髮型搶過鋒頭，成為新一代尤物標竿。

我始終沒趕上髮型的流行。但是對於上美髮院那種「一次可以負擔的心理治療」每三週一次的經歷卻念念不忘。試想上了洗頭檯，任人宰割，完全依賴美髮師的無助感，讓我老是跟定某個熟識的美髮設計師東奔西跑，不敢、也不願意隨便換人剪剪看的心態，暴露無遺。

說到我的髮型，過了人半輩子，從念書時代的三分小平頭到大學好不容易把頭髮留長到蓋掉耳朵，自以為瀟灑得不得了，想來頭髮成了年少輕狂的回憶；反觀，台灣男人蓄長頭髮多少隱藏著對役男髮禁的反叛心態吧！

可惜的是，大部分男士只顧著用髮型作為告別青澀的分界，但習慣了有教官糾察，入了社會卻反而不知如何打理煩惱絲。於是隨便找一家巷口的家庭理髮店剪個毫無特色，更遑論增添一些個人特色的髮型，虛應故事的結果，終究難逃沒款、沒型，埋沒芸芸眾生裡的命運。

忽然對自己的髮型萌生一線希望，多虧遇上高手。從以前「雖不滿意，但可以接受」到看見落地大鏡子裡修剪得服順、自然而不呆的髮型，最重要的是，左看、右看說不出哪裡不一樣了，但又覺得令人莫名的改變，你就可以了解很多人上美髮院那種「既期待又怕受傷害」的心情，一旦得到安撫，快樂不下於修理門面的雀躍。

剪頭髮就像問診，需要一點運氣，少不得一點嘗試改變的勇氣。但是，不管如何，為了趕流行，硬紮起一束亂草，故作瀟灑，或是因為禿頭而戴一頂假髮，「欲蓋彌彰」，恐怕再神奇的剪刀手也救不了你！

最昂貴的身體畫布

「你去刺青喲！」聽見周圍朋友「不懷好意」的驚呼反應，我心裡忍不住嘀咕，難道我這個年紀就不能享有「使個小壞、叛個小逆」的權利嗎？每個人心裡都有一個等著去圓的夢，也許只要一天，但或許得等上數十年才會實現。當刺青師傅大毛，沾滿墨汁的刺針刺在肌膚上的那一剎那間，我心裡住的那個rocker搖滾客，立時鮮活過來。

從蓄鬍子到刺青，我再一次認知身體自覺的魅力。一度是西方水手、摩托車黨彪形大漢身上不入流的玩意兒，變成一種充滿快感的炫耀，或許對許多中產階級來說，在身上來個小小記號，從下階層、黑社會象徵，融入主流文化，滿足的是一種背叛循規蹈矩和顛覆傳統的放縱。到海灘或健身房去看看，就知道刺青不再是身價百萬的足球明星或好萊塢女星安潔莉娜裘莉的專利。從一朵玫瑰、一隻蝴蝶，或是一些常見的羅馬字形和漢字，全覆式的、半袖的或點綴在臂膀、肩頸、小腿，腳踝和肚皮之間，現在很多人都迷上刺青「私密」的狂野。

刺青，英文tatoo是源自大溪地語「標記」的意思。它的發音是部落民族用刺針在皮膚上敲打出紋形時的聲音。從人類學的角度觀察，是用來美化身體的方式，幾乎所有的民族都有或曾有紋身的歷史。

遠古時代，還未發明用來蔽體禦寒的衣物，但愛美之心，古已有之，將美麗的羽毛、閃光的貝殼作為外表裝飾外，還用塗色、紋身（刺青）等方法作出各種肉體裝飾。《禮記‧王制》稱：「東方曰夷，被髮文身」；「南方曰蠻，雕題交趾」。可以斷定「紋身」是人類歷史上最早的裝扮。

中國自先秦時代就有在犯人身上刺字的「黥刑」；埃及金字塔內存放

超過4000年的木乃伊，都有明顯的刺青傑作。2500年前，夏威夷移民帶著刺青經日本來到中國。紋身在日本發展成為一門人體藝術，大和民族稱刺青為「入墨」，在人體刺上如浮世繪般的作品。東京博物館就曾展示上百幅裱褙的刺青皮膚。

2008年，蘇黎世一家拍賣行就曾將一名瑞士男子背上的聖母瑪利亞紋身拍出15萬歐元。條件是他每年三次巡迴展示這款紋身，而且死後這塊刺了圖案的皮膚則屬德國買家所有。

稱霸影壇40年，演出系列007「詹姆士龐德」聞名於世，16歲投身英國海軍的男演員史恩康納萊，出生工人家庭，以蘇格蘭人為傲，身上就刺有Scotland Forever。2000年，他被英國女皇封為「爵士」。

NBA籃球或世足賽場上的巨星球員們不管是為了什麼理由，透過全球轉播大放送，「人體藝術變成展現個性」，刺青是最佳宣示。密密麻麻，愛至永恆的字句、家人的名字，包括球王馬拉度納（Diego Armando Maradona）刺有阿根廷的革命領袖畫像；英格蘭大將魯尼（Wayne Rooney）右臂上刺的是凱爾特族的十字；更有甚者，左腿是玫瑰、右腿有耶穌，「only god can judge me」（只有上帝可以裁定我）的狂言妄語刺在膝蓋上，五花八門、歷歷可見。

台北西門町有一條刺青街，從早期傳統的神鬼、瑞獸等陽剛圖樣，到70年代後期流行日系風格，主圖旁刻有雲朵、線條等的「軍監圖」；80年代幾何圖形、變異字體加入，90年，刺青開始上色。拜電影《艋舺》走紅之賜，掀起一股刺青復古風。

第一次世界大戰後，女人為了紀念在戰爭中失去的愛人，以肉身刺上小鳥、蝴蝶、紅玫瑰或是愛人的名字。一改過去舊社會對刺青的認知。事實上，還有什麼比永遠不褪的刺青更適合作為長長久久愛的承諾？流行服飾界的刺青代表，將紋身藝術引進時尚，美系街頭流行Ed Hardy和法國Jean Paul Gaultier服裝設計師大玩視覺戲法的紋身T恤，功不可沒。

英國人的幽默表現在刺青，令人發噱。比如，刺上「ACAB」四個字母縮寫（All Coppers Are Bastards），當被員警逮住前，它代表「所有員警都是狗娘養的」；被逮住後，又可以自我安慰地把ACAB刺青解讀成「隨身帶著聖經」（Always Carry A Bible）。

刺青有時候會從炫耀成為一種衝動：英國退役士兵湯姆萊帕德身體有99.9%的面積被一種豹皮圖案的紋身覆蓋。唯一沒有刺的是他的耳朵和腳趾之間的皮膚。第一次把身體當畫布的我，相較刺在手肘上的作品，不過是小兒科。

有人用刺孔戴環、染髮、皮夾克、重型機車懷念龐克精神，我選擇刺青。尖銳的痛處下，我將和刺在腳、股溝上方和肚皮上的「小甜甜」布蘭妮（Britney Spears）、前辣妹成員維多莉亞和她的丈夫大衛貝克漢一同經歷「昂貴而痛苦的體驗」。

以前擔心刺青，形象不好，現在不必多慮，因為不但飆車族、水手、黑幫都刺青，就連時尚先鋒「芭比娃娃」，肚皮上也刺了個蝴蝶，「前衛但不危險」，你還猶豫什麼呢？

137

和鬍子談戀愛

用天上掉下來的禮物形容我的「鬍子」，一點也不為過。

活了那麼把年紀，居然完全無視於鬍子的存在。虧它從青春期就開始在臉上奮力往外冒，企圖為增添幾分英勇威武的男子氣概而盡忠職守，可惜我不但沒在意，反而和大多數的男人一樣，想盡各種辦法去之而快，每天早晨對著鏡子，就恨不能斬草除根。

結果，不惑之年，忽地發現鬍子對我的意義。說起留鬍子的意外，多虧出國看秀，走得倉促，到了目的地才發現沒來得及帶刮鬍刀，因為每日行程又緊，一直到回家，索性就任鬍渣子自由發展，始料未及，看到我難得一臉頹廢的人，都以為我老來俏，故意扮「酷」。於是在搏得「浪人」稱讚暈陶陶之餘，開始了接下來好幾個月，認真發現同住在身體裡那麼多年的另一個「我」；一個居然有潛力浪蕩不羈的我。

東京採訪 Fendi 旗艦店，派對上，戴頂米色皮帽的日本公關經理山本先生，方正臉上修得極其細緻有型的鬍子，不但教女賓印象深刻，連我是個男人都忍不住多瞧兩眼。日本男人留鬍子的風氣很盛，穿梭街上，不論老小，各留各的型。滿街都是的鬍子男，襯著白皙皮膚，青青的鬍渣子的確有種迷人的男性氣質。

嚴格說起來，東瀛客這種性感、好看並不關乎頹廢、潦倒的街頭況味，尤其是日本年輕小伙子精心修整過的鬍型甚至和髮型搭配。但是，細緻、刻意的鬍型和米蘭 Gucci 男裝秀上，清一色蓄著小鬍子的義大利帥哥，風情不同。這種留髭捨鬚的式樣，教人懷念起影星克拉克蓋博那兩撇招牌八字鬍。

說起有兩撇的，咱們國父孫中山先生不也是領導潮流之先的中國代表嗎？希特勒（Adolf Hitler）大人的狠勁兒要是少了鬍子，恐怕要大打折扣。基本上，能讓人因為嘴上有毛而留下好感的，提出「相對論」的發明家愛因斯坦（Albert Einstein），可能也得感謝他的白鬍子樹立了標準的偉人形象。行情老來俏的影星史恩康納萊那把連髮帶鬍都白成一氣的造型，又要記上鬍子一筆功勞。當然，也不是所有的鬍子都能為人格特質加分。試想林肯總統（Abraham Lincoln）、馬英九突然有了鬍子，可能一時之間很難想像？

中國人一向對身體多所避諱，禁忌更是不少。「身體髮膚受之父母」的傳統下，古時候，男人留髮帶鬍是一種常態。君不見，古有虯髯客的美髯，闖昭關的伍子胥一夜白了鬍子，都是因為鬍子名留青史；京戲裡大花臉和老生捧著鬍鬚亮相的造型，令人擊掌叫好，其實京戲裡的鬍鬚扮演了分辨忠奸的關鍵。

雖然忌談毛髮，但是卻有裝置藝術家偏偏單挑這項忌諱，專門以人體各部位的毛髮作為藝術創作的唯一元素，當然鬍子也在蒐羅之列。此君把從髮廊裡蒐來世界各地不同性別、年紀和人種的毛髮排列作成中國的字和畫，一夕成名，作品還被香港博物館收為永久收藏。

男人、女人對留鬍子的反應不同。以我為例，女性對突然留了鬍子的我，感覺很man，多半持肯定看法。但如果要她親密男友留鬍子則是敬謝不敏。反觀男性則對鬍型的蓄法和長度有各種斤斤計較的歧見。基本上我不太故作雜草叢生的落腮鬍，更不習慣奸兮兮的師爺型山羊鬍，順著鬢角留下來的貓王型，我鬍子不夠密、仁丹鬍太老氣、圈住嘴角的鬍型聽說不合風水。折衷之計，我採取上下唇都蓄的鬍型。平

均每兩三天用小剪刀修剪「草坪」一次，比起每天又是鬍泡沫、刮鬍刀和鬍後水的，簡便又隨興。出國更是一剪在手，自在逍遙。

鬍子男當然偶爾也有吃癟的尷尬。好久不見的朋友，乍見鬍子造型，忽然臉帶哀戚，刻意壓低了嗓子關心地問道，「家裡還好吧！」趁著對方「節哀」兩個字還沒出口，趕快表態：換造型，「裝酷啦！」嘿嘿！對咱們老中來說，恐怕正是「嘴上突然有毛」的後遺症吧！

型男湯浴記

看罷《羅馬浴場》一片，失望的是日本男星阿部寬的裸體也不過爾爾；但片中交錯的羅馬浴場和日式泡湯，令我想起南征北討的時尚經歷中，從救國團時代的「戰鬥澡」到親身出入倫敦文華酒店、東京Hayet飯店和巴黎的麗池酒店等，在五星級酒店一人獨享泡沫浴的奢華，不可同日而語。

但再怎麼驚艷於按摩浴缸的奢豪氣氛，都比不上有生之年，置身日本北海道大雨滂沱的露天泡湯、在曼谷頂級spa浴室和首爾高檔男士俱樂部澡堂像「解凍」肉品般大卸八塊的刷洗浴。但幾次高潮迭起的洗澡經歷都不及獨闖匈牙利布達佩斯號稱全世界最大的露天浴場，混在一群人高馬大的洋人陣中泡湯的情景；一個東方裸體宛如另類「阿部寬」的境遇，精采不亞於電影情節。

文化習俗不同，淨身之道，千奇百怪。尼泊爾當街取水沐浴，幾乎成了首府加德滿都特殊的城市景觀。事實上，尼泊爾男男女女露天聚眾洗澡，等於向聖湖印度教濕婆神朝拜，有消災除罪的宗教意義。

但說到暢快淋漓的洗澡臭過於「桑拿浴」。Sauna是芬蘭語，意指「一個沒有窗戶的小木屋」。起源於兩千年前，一戶人家燒火煮飯時，突然下起大雨，雨水從屋頂漏下，滴在鍋邊被燒得火燙的石塊上，在室內形成蒸氣，讓人頓時覺得舒暢愜意。就這樣，不斷改良，獨立木屋，利用高溫蒸氣，使身體排汗，同時達到淨身目的。

省去正宗白樺樹枝輕拍全身，促進血液循環的儀式。保留從高溫浴室，再以冷水降溫，如此循環的傳統，平均一次可燃燒300卡路里，等於走路3～5公里的sauna，如今成了現代健身房、俱樂部必備的招

牌「三溫暖」。

也是蒸氣浴的一種，土耳其語「哈曼」hamam，指的是在公共浴場進行，但和sauna的差別在，土耳其浴更注重水浴的過程。換句話說，浴場的設計和排場是「泡湯之意不在湯」的重點。關於這點我的赤身體驗可以印證。

早有耳聞匈牙利的露天溫泉澡堂出了名的壯觀，但等親見布達佩斯市區公園裡三座被巴洛克華美建築包圍，大型泳池般的露天浴場時，仍忍不住要OMG一聲。很難想像早在20世紀初，塞切尼浴場（Szechenyi Gyogyfurdo）就已建造完成，這座號稱歐陸最大的露天溫泉不但是當地最大的公共澡堂，也是社交活動的場所。如果有心欣賞「新藝術」（Art Nouveau）建築風格遺址，來這兒洗個澡，準沒錯。

匈牙利的塞切尼浴場一年四季各有風情，買一日票券，可以泡上一整天。我滿心忐忑地入場，進到專屬房間更衣，擺放私人物品，包裹浴巾，就正式出浴了。正當脫得赤條精光，小心翼翼地走進美麗又宏偉的維馬式雕化大埋石柱枇恰大的浴池裡，你看我，我看你，池裡唯一的亞洲臉孔正驚愕於如同掉入時光之旅，置身羅馬帝國後宮，四面八方湧入的洋人早已把我淹沒在人肉林中。

在土耳其，浴室是社交場所，一起搓澡、按摩，也是最好閒話家常的時機，甚至是婆婆挑選媳婦的所在。早期土耳其女性除了眼部，都不可露出，男性只能靠媽媽在祖裡相見的浴場，物色對象。但對我來說，土耳其浴池保留羅馬帝國時代，象徵帝王強權建樹和政績的傳統，浴池建築風格以恢宏氣勢和繁美的雕刻設計取勝，浸泡在水療池

裡的身心，華美壯麗，莫過於此。大池、小池；室內、室外；乾烤、濕蒸，一應俱全。當你看見浴池裡設有石板搭建的棋盤，供人在泡湯之時，對弈廝殺，切磋棋藝，也不必訝異，這就是歐洲澡堂文化的精髓。

待在蒸氣房，等身上毛孔打開，還來不及害羞，就被師傅搓出一大堆觸目驚心汗垢，首爾的韓式搓澡和曼谷扒光了的去角質鹽浴有異曲同工之妙，又是另一番難忘經驗。韓式搓澡一陣不由分說的去汙解垢，師傅用一個肥皂布包將泡沫刷滿全身，再來幾個回合，最後以冷水沖淨收場，這時，渾身被刷洗得紅通通，好一個通體舒暢。曼谷頂尖spa，脫光衣服躺在平台上，施以全身去角質，再沖水淋浴，最後安頓在泡沫浴缸裡，任人擺布的過程，緊張萬分，真不知有錢大爺花錢spa買到何來「放鬆」？

比起高麗棒子一輪猛攻，泡湯對日本人來說，是一種隆重而珍貴的享受。有潔癖的日本人發展出一套泡湯禮儀，欲語還留；雖然也是「裸體社交」，但認真來看，溫存有餘。日本泡湯學起源於7世紀初，積極從中國隋朝導入佛教，在一卷勸說沐浴功德的《溫室教》經記載：「當用七物除去七病，得七福報。」

寺廟僧侶因為必須清心淨身才能禮佛，日本奈良東大寺與法華寺現今還保存有當時的澡堂與「大湯屋」。寺院開放澡堂讓施主享受沐浴樂趣，是「施浴」。從此，日本人養成洗澡習慣，而施主在沐浴完畢，總會捐獻一點沐浴金，所以「寺湯」演變成日後的「錢湯」（Sentou，公共澡堂）。

143

日本一直到戰後才在居所內設置獨立衛浴設備。戰前，上流階級以及富裕人家以外的庶民，都是到「錢湯」洗澡，順便借泡熱湯洗去一天疲憊。我的日本泡湯卻是在北海道一家小旅店裡，月黑風高，沒料到初夏突如其來一陣暴雨，大珠小珠，讓獨自一人在露天湯池裡的我，點滴在心。

芬蘭人說：「如果桑拿也治不好你的病，那你就沒得治了。」下回，咱們若有緣湯屋坦誠相見，我不是阿部寬，記得，澡堂巧遇，點頭就好，千萬別在公共場合喊我名字！

假富豪、真體驗

某一個沁涼如水的夜裡，在溫柔搖盪的威尼斯蜿蜒水道裡遊蕩；站在德國五星豪華飯店 Vier Jahreszeitenr 頂樓陽台遠眺漢堡內阿斯特湖的夕陽下，啜飲香檳；在義大利近郊 Montegrappa 筆廠和大文豪海明威曾經服役的教堂神遊邂逅；預約 Murano 小島，英國女王及黛安娜王妃最愛的義大利餐廳花園裡享受就著初春陽光的午膳；心滿意足地在雲霧瀰漫的瑞士山邊，Montblanc 特地在房門上刻了 Eddie Yuan 名字的私人精品套房裡一覺醒來，更別提全程頂級艙等、黑色禮車接送，這一切都是真的，但是這場「富豪春夢」卻只有七天。

這本來就是個「假戲真做」不公平的世界。何其有幸，我的陽春三月就是在頂級富豪夢裡度過的。如果你好奇，什麼是精品圈把大戶捧在手心裡的服務，Montblanc 悄悄地邀請了台灣兩對頂級客人的歐陸之旅，只是雲端裡的一例。

「不可能出現在豪華旅行團的節目」對 VVIP 來說，最能收服人心。驚動台灣社交圈的麗晶精品「TOP10」旅遊團打開了精品富豪神祕大門，不必預約就住進 Bulgari 珠寶米蘭新開張的精品旅館、羅馬 Fendi 旗艦大店更是拉下門為 VIP 作皮草秀，附贈設計總監親自量身訂做。今天，免費頭等艙飛歐洲看秀、專門地陪跟班購物、吃米其林美食、住五星級飯店、聽歌劇、訪博物館，外帶安排皮革、珠寶工藝私人工坊、精品博物館導覽，平均一週到十天的豪華行程，一對 VVIP 少說百萬台幣，名牌統統埋單，而這只是富豪夢的「基本節目」。

Louis Vuitton 巴黎香榭大道旗艦開幕，全球發出 2000 張裝在一只刻印有 Louis Vuitton 的原皮色皮套內的 For Quintessentially 限量卡，只消鍵入密碼，即享有免費巴黎頂級旅遊全方位資訊的私人服務，這種不

同於折扣卡的待遇，不但符合「優質旅遊人生」的品牌精神，也讓受卡大戶感受獨享尊榮。

「特別訂製」早就不再是獨家服務。包括Louis Vuitton、Hermès、Loewe和Montblanc等精品特殊訂製已完備到「只要你想得到」都在接單範圍之內。Hermès平均得排隊3到4年才能訂到的Birbin柏金包，只是訂製服務的門檻。

170年歷史的Hermès巴黎總部成立「特別訂製部門」專門負責受理VVIP客戶種種訂製需求。台灣市場因為「業績都是本地客人貢獻的」，而有資格被選為接受特殊訂製的國家之一。客人可以用Hermès絲巾作風箏、量身設計訂製皮沙發、家具；更有大戶為新生兒訂做嬰兒床，更遑論豪華汽車內部的皮椅、遊艇上的餐瓷等，一應俱全都是Hermès。

Chanel巴黎康朋路總店，每到耶誕節為頂級客人在店內舉行私密的家庭派對，這項傳統由Chanel資深店長督導。Chanel銷售員都有一本不能帶回家的客戶「聖經」，詳細記載人客戶每一季採購清單和個人喜好的這本冊子，同樣也是Dior精品店的教戰手冊。從大戶走進店門那一刻起，這本鉅細靡遺一如貴婦衣櫃建檔的記錄，讓經常買到分不清日月的頂級客人樂得有如多了一位貼身專屬造型師。

滿足貴客尊榮感和帶動買氣的personal shopper在精品圈行之有年。不論新品預覽、限量優先選購、跨國服務調貨、專屬銷售員諮詢。「每一位來店客人購物品項、金額、時間和地點都被電腦記錄下來。」包括Chanel、Louis Vuitton、Dior、Montblanc等一線大名牌，透過系統

分析大戶購買行為，作為精品行銷和創意的重要依據。

預約專屬時間來店試穿，只要出手夠大方，專車、專人到府試衣也不是不可能。網路連線也是精品想盡辦法「貼近」頂級客人的特殊服務之一。最新的商品或限量版目錄千里傳送給在地大戶，誰要哪件貂皮外套、哪位對鱷魚包有興趣，從百萬貂皮到動輒五六十萬元的小禮服和限量皮包，透過網路，Dior在巴黎的採購就可以即時在採購單上「補貨」。

說起「富豪體驗」。我也曾是以飛行錶聞名的Breitling篩選大客戶的名單人選之一，並專程去瑞士，體驗私人機隊的戰鬥訓練「兩千呎高空真人跳傘」，當我被「綁」在機身外飛行一周，從機身上下來，腿軟臉白，直呼「有錢也難買」的同時，實在想不出還有什麼比這種精品「奢華」用心，更令人印象深刻。

如果你問我在威尼斯搖搖晃晃的豪華私人貢船上，精品圈不為人知的富豪體驗如何？我想說，沒有幾百年歷史的小牌子，即便花了錢，恐怕也砸不出來這樣的頂級體驗。難怪大文豪海明威（Ernest Miller Hemingway）曾說過，「有些事情是無法立刻學會的。」沒錯。有錢，也不行。

Part4

——

時尚的，
太時尚的

二十一世紀時尚圈最大的出口不是時裝，而是滿天飛的八卦新聞。

人都有劣根性。偷窺別人隱私的那種幸災樂禍的蠢動，雖然不是什麼大惡，但是，卻演變成全民最「火」的時尚運動。這些看似垃圾的小道消息比連續劇更精采，比任何時裝創意都賣錢。推波助瀾的媒體宣稱，八卦是最熱門的時尚題材，好事者更看準了人性好嚼舌根的弱點，以八卦為行銷；因為，八卦人人喊罵，但卻人人愛看。

於是原本男未婚、女未嫁的感情，居然可以變成報紙全國版的社會頭題、可以是電視台黃金時段的大代誌新聞、更不要說周刊的封面故事、國際中文版的時尚雜誌硬是擠掉流行趨勢分析，以顯著篇幅洋洋灑灑地大作文章，前Louis Vuitton設計總監馬克雅各布斯出櫃、嗑藥、減肥、變裝和他的創意一樣是時尚傳媒的題材、大衛貝克漢的光頭換掉小布希（George W. Bush）的老臉，以至德國名模海蒂克拉姆（Heidi Klum）出書，公開模特兒如何在上流社會裡存活的八大教戰守則，不令人意外。

八卦有很多種。富商包養說、劈腿說、未婚生子、家暴、轟趴……但是，加油添醋的八卦中又以「性醜聞」獨占鰲頭。富賈名流的包養對象、政商名流的婚外情、女明星、男小開的劈腿情史絕對比今年春夏彩妝的流行顏色更有噱頭；誰未婚生子、誰做了削骨手術、誰又參加了轟趴遊戲；也比裙子的長度、袖子的寬窄更令人興奮莫名。休葛蘭（Hugh Grant）召妓事件、翹臀珍（Jennifer Lynn Lopez）情歸何處、妮可基嫚的代言價碼、珍妮佛安妮斯頓（Jennifer Aniston）和布萊德彼特的婚變後復合指數、美國地產大王川普（Donald Trump）再婚新嫁娘的婚紗、歐洲皇室婚禮的排場、模特兒走秀的露點……八

卦的答案是，想盡方法讓自己成為男人和女人的性幻想對象。

國際八卦如此，咱們國內也正處於八卦新聞的亢奮期。沸沸揚揚的「某某戀」新聞可以從狗仔說到故意造勢的臆測，男女主角約會景點寫到女主角全身行頭，別忘了「機車包」在國內是怎麼紅的？八卦一出，當事人的祖宗八代、東家長西家短婆婆媽媽的看法，扯到心理社會學家的分析；小三的學歷可以拿來比、身家要探、身價更要算一算，門當戶對固然可喜，天差地別也有文章好作。苦的是上窮碧落下黃泉的狗仔隊、樂的是愛窺人隱私的普羅大眾。

如果情愛、性史是八卦的上選題材，自90年代崛起的名模可以說是時尚和八卦新聞掛勾不能缺席的第一女主角。英國出版商推出《Model of Imperfection》一書，宣稱要揭露1998出入戒毒所、2002年懷孕全裸擺pose入書的超模凱特摩斯，更驚人的內幕。當事人的抗議反而成了書商免費的宣傳。台灣林志玲的「名模效應」也不遑多讓，從富商陪吃飯的價碼、新舊任男友的比較、波濤洶湧的隆乳疑雲「爆」到走秀花邊、自傳簽書、廣告代言的種種新聞角度。一時之間，時尚大腕的一舉一動甚至比政要名流更能引發社會注目。

八卦有的時候，也並非一無是處。八卦新聞有真的爆料，也不乏商業炒作，真真假假，愈是撲朔迷離愈是八卦。其實對某些人來說八卦也不一定全都是負面。深諳此道的人只要懂得在適當的時間和場合「製造」八卦，餵給媒體炒作的同時，也達到了提高知名度的目的。台灣社交圈裡女王每次出席派對都很「專業」地把全身行頭價碼和品牌備妥小抄，方便記者如數家珍地為她拉抬人氣，可是捧紅社交地位的是媒體，最後被踢爆的也是她身邊的狗仔。

名人、狗仔和八卦簡直就是彼此依存共生的食物鏈。八卦除了能帶來心理上偷窺的快感和道人長短閒磕牙的趣味，更養成一批無所不在禿鷹般見獵心喜的狗仔隊，曾幾何時，踢爆忽然間成了時尚記者最基本的新聞寫作，必須在最短時間內練就一套急中生智的瞎掰的本事，還要有偵探推演的判斷能力；一場時裝秀，設計師風格是配角，哪位貴婦在秀上血拚了多少才是重點。可憐的是只要是被盯上的目標，為了收視率，狗仔絕對有本事讓當事人像被剝了一層皮，上上下下、裡裡外外都被攤在陽光下，嬉笑由人。這就是八卦，台上演得賣力，台下更是反應更熱切。

但結論是，雖然八卦是文明都會裡必然的產物，即便是我偶爾也不能抗拒八卦消息，我還是寧願花一個月時間好好研究野駝羊西裝料纖維的直徑和保暖度及價格之間的關係，也不情願裝模作樣地出席時尚派對時，趁著幾分酒意探聽某名流又勾搭上了誰的情婦的內幕。因為人生苦短呀！Fashion真的不是扒糞來著。

時尚「假文青」

最近在一些時尚場子裡發現，腳上一雙Converse，窄到緊身貼在瘦桿腿上的牛仔褲、一件印著戲謔slogan的T恤、大膠框的書呆子眼鏡，最好再側背件郵差包，看起來像簡約的「宅男」？錯了，我指的這些安靜、文謅謅到有點細膩的是時尚圈裡剛冒出頭的Hipster「文青」一族。

說時遲，那時快，咖啡廳裡無聲無息地飄進來一位，身上混著名牌，飄逸長髮加緊身褲，但拼起來有些怪異的一枚文青！「文青」這個語彙有點兒不可考。最值得相信的推測是它與60年代左派運動和沙特的「存在主義」興起有些關聯。

他們不跟任何主流事物搭上邊，並且是「反文化」的一群。把自己定位為有高度創意、聰明、有想法、機智的，並且拒絕為了一時的流行而輕率消費，像是從他們喝的咖啡、穿的衣服，甚或一些他們才會用的詞彙，在在希望藉由公然反映，表現只屬於他們的「文化特性」的選擇。套句文青的話，才是超deck（文青用語，表示最in，最潮，最時髦）！

一言以蔽之，文青，基本上是一種強調「個人精神」，不甘被掩埋在集體意識裡，力求保有自我意識，有點兒像大聲唱出內心疏離和寂寥的現代嬉皮。只是他們選擇了反動的方式。而看在消費主義時代裡，隨著全球化經濟效應，「文青」似乎又變成一種被過度消費的文化標誌。

文青，也可以說是，文藝青年的簡稱。

厭惡平凡，有點兒不切實際的夢幻、沉溺卻不自知。村上春樹應該是所謂文青票選最愛的作家之一，這對他們來說和愛上披頭四（The Beatles）是同樣酷的事兒。如果要具體化來定義文青，他們穿著和興趣嗜好，甚至生活方式等等都有一套規則。文青喜歡看藝術電影、聽地下音樂、看小劇場，而且多半民族風加波希米亞還有吉普賽風。文青認同，特別是主流社會所不能認同的東西。

時尚和品味一樣重要。在二手古著店買衣服對大多的文青才是「主流」，時不時髦沒關係，不必在意主流趨勢才是重點。有些文青對H&M、ASOS、American Apparel或是Urban Outfitters特別有fu。不喜歡去大名牌店裡買衣服，而是去自己進貨的街巷小店，因為文青應該支持「有特色的文化形態」。

如果要複製「文青」的外表。纖瘦外表下，以下幾點守則是時下男文青們的經典造型，務必遵守：基本上，愈緊愈好；緊身褲，skinny牛仔褲，但實際上可能leggings比緊身牛仔褲更對味。眼鏡也是造型上重要一環，特別是那些看起來很醒目的款式，像百葉窗眼鏡、Buddy Holly式等等，當然如果有副Ray-Ban經典款Wayfarers絕對是首選。即使視力正常，為了造型也要戴副眼鏡。

上衣的挑選：格紋或牛仔襯衫，或任何條紋、格紋、棋盤格、變形蟲圖案及復古花朵圖騰。許多文青對有字母符號、動物、森林、卡通人物或是著名封面的上衣情有獨鍾，合身帽T也讓他們趨之若鶩。

復古圖案的單品都很適合文青。如果可以的話，老太爺衣櫃根本就像是所羅門王寶藏，但最好再來點女工，讓這些經典服飾能夠適合21

世紀的文青氣質。

一雙合適的鞋，包括牛仔靴、Converse帆布鞋或是大多數的平底鞋都能讓文青指數加分。但Converse太多人穿了，犯了附庸主流文化的大忌，所以馬汀大夫鞋或是其他復古款式反而更受歡迎。如果喜歡運動風，Reebok經典款可以考慮。

配件的挑選就更有學問了，大花頭巾、別針、亮色皮帶、項鍊甚至彩色綁腿等等。當然不能忘了穿環、刺青在身上，或是不小心露出身上的疤痕都能夠說出一點故事。千萬不能是背包，因為要裝得下你的Apple系列產品，還有最喜愛樂團的黑膠唱片（拿出CD就遜了）。

文青自然也知道混搭的包裝多重要。把不搭的東西配在一起是「超文青」的一件事，好像在說：沒有人能教我怎麼穿出自己的風格。當然還是需要一些規範，才不會讓你看起來很做作。

走一趟時尚場子，只要你多留意，會發現文青就在身邊。說穿了，文青，代表的是一種精神。明明老文青卻硬要穿得跟20歲小鬼一樣明明不是文青，卻要刻意裝「潮」，就怕別人看不出有多認真，好嗎？這個年代「為賦新辭強說愁」最好也要有個梗，不然被貼上「假文青」，淪為時代的流行現象。你也不想有一天被叫「文青」成了一種貶抑的形容吧！

時尚物種「歧視論」

世界是不公平的。不是忽略它，就是妥協。

尤其是人性常被扭曲的時尚圈。歧視時有所聞，只是大剌剌地把它當成變成行銷策略，有一種遊走於邊緣的爭議。相信我，不論有多刺耳、多受世人批評甚至唾棄，只要有人反應，而且最好是大肆反彈，它的力道愈大，免費宣傳的效果就愈火。你現在總聽說過美式潮T——Abercrombic & Fitch（簡稱A&F）了吧？不要告訴我你不知它幾乎是同志圈的「制服」。

時尚不應該有仇恨，但不論種族或是對於外貌的歧視卻從來沒有停止過。美式休閒服飾品牌Tommy Hilfiger曾因歧視華人而吃上官司；同為經典個案還有，2011年時任Dior設計總監約翰加利亞諾因為在公共場所以種族歧視及反猶太的言論辱罵民眾而被迅速革職，引發社會高度討論，現在紐約Parsons設計學院任教避風頭的約翰加利亞諾，事實上僅被判罰1歐元，目前正在修補公眾形象，伺機而動。

「這個世界不只有金髮碧眼的美女。」無可否認，膚色是時尚圈存在已久的歧視。新一代英倫超模卓丹鄧（Jourdan Dunn）表示，曾經在半路掉頭回家，只因為秀導表示，「已有了一個黑人model，我們不需要黑女孩了。」更有甚者，白人化妝師公然表示，不願意為黑模上妝。根據統計，在今年紐約秋冬時裝週裡，有82%是白人模特兒。Calvin Klein更是只用白人模特兒。主流時尚雜誌封面仍是白皮膚掛帥，因為「黑模封面不賣」。美國著名的《運動畫報》泳裝特輯從2008年來就沒有用過任何有色人種站上封面，銷售量真受膚色影響，還是傳統保守主義的餘燼殘留？

說穿了，「歧視」其實是一種「分類」。人類進化到今天，和黑猩猩基因組合居然有98.4%是一樣的，換句話說，人們出示身分和檢核地位的識別行為和動物是共通的。「好看的、有魅力的」有點像雄性動物展示羽毛。文化上的「偽物種論」指的是把自己劃分成明顯有別的群體，美醜、膚色和胖瘦都是一種虛榮的排他性。但往往故作炫耀性的消費行為更能吸引人注意。如何裝扮、如何區隔都可解釋為象徵社會符號、地位的一種虛榮感，激起忌妒心作祟的「優越感」不就如同家禽頸冠的特徵、獅豹的斑紋，更遑論結實精瘦代表有錢有閒有品的人生？

A&F以俊美的筋肉銷售員，販賣性感，原本就一般般的美式休閒風忽然變得沸沸揚揚，拜性感大放送，請人魚線猛男當門房，但又拒絕長得不夠好看的、太胖的；至今仍沒有10號（M）以上的尺寸，只因為A&F「不希望看到肥胖的人穿它」。連A&F CEO都承認，「只賣給瘦的、美的、帥的和有魅力的人。」激怒了衛道分子，聲討歧視的短片上傳時尚網站，這會兒可能真的連游民街友都如雷貫耳。

胖曾經象徵財富。「肥大逸樂者」代表有錢到不必工作。但全20世紀改變了。時尚界「瘦即是美」的最高指導原則使得有錢有名有閒的人永遠在減肥。60年代開始，上層社會的人只有5%體重過重，反而是低階工作者有30%過胖。伸展台以當「紙片人」為時尚目標。這也許和腎上腺皮質內分泌激素有關，有財有勢的人不但腎上腺濃度高，而且比較苗條健康。就不必驚訝於A&F的「淘汰主義者」picky的態度了。把身體塞進一件T恤，撩起同輩的妒意的同時，等於拿到時髦性感入場券。

虛榮感，最容易說服人。品牌都在找尋「目標客群」？多數精品選擇富裕作為分類、區隔的標準，抓住人人都想變成有錢人的希望與夢想。只不過，A&F販賣比夢想、希望和富裕這類正面情感更強烈的負面情緒，妒忌。消費者選擇品牌，為什麼品牌不能對它的消費客層進行分眾呢？炫耀是再自然不過的事了。重點是，要用什麼來炫耀。「進化論」承認，自然界每一件美麗的事物，都是為了配合炫耀而非實用。像孔雀的尾巴和夜鶯之歌。今天，A&F以外貌、種族與年紀為篩選依據，而且鎖定那一小群「有魅力的年輕白種人」，正是為什麼A&F挑起歧視。

從小聽大人說，炫耀是不好的，歧視更要不得。但如果有人對排除尖叫小孩的商務艙客機冠以歧視兒童的罪狀？或明文規定餐廳方圓百里全面禁菸，完全無視「癮君子」個人權益而做出制裁？歧視，如果把它當成一種行銷，Why not？請問，你穿A&F潮T幾號呀？

我動故我在

再也沒有比每天都必須花上個把鐘頭，讓陷入一場什麼時候才可以對自己身心喊「暫停」的掙扎，更苦的差事了。我管這場快要進行了兩年多的戰鬥稱作「運動」。這和穿上Prada最新款的紅標Sport運動系列男裝出席fashion show的心情，可完全是兩回事兒。

運動，基本上對我來說是個災難。不會游泳，國中二年級才學會騎自行車，肩不能挑擔、腳不能行軍的我，之所以發憤上健身房，根本是為了一個再膚淺不過的理由，「男人為什麼沒有打理門面的權利？」於是在「幻想套進Gianni Versace或是緊貼著腹部六塊肌的Dolce&Gabbana T恤裡」這個再單純不過的目標驅使之下，我終於和年屆不惑的身體達成了協議。那就是每天不要再為了吃消夜而感到罪惡，因為第二天一大早，我已經孤獨地在彷彿永無終點的跑步機上，為了消除囤積了一晚的脂肪而奮戰了。

隨著每天踩在滑步機上咬緊牙關的決心，當發現衣櫃裡的褲子鬆了一大圈，或正為了可以穿上46號的Prada西裝而感到暗爽，毫不考慮地埋單走人，充滿了挑戰成功的優越感的同時，卻又不得不為了逼自己把運動養成習慣而不敢稍有怠惰。

所以從那一刻起，即使出國也非得在行李箱裡為一雙球鞋和運動短褲騰出空間。於是你會看到我在滿是落葉的紐約中央公園振步疾飛、一會兒又繞著米蘭下榻的飯店四周狂奔，把在巴黎地鐵裡上下穿梭爬樓梯的動作當作是今日消除卡路里的例行公事，或花了十幾個小時折騰飛到波蘭，一下機就忙著詢問凱悅飯店健身房在哪裡？而且義無反顧地一頭栽進去，繼續揮汗如雨。

殘酷的是，健身房簡直就是一座奇幻的動物園。一群染髮、刺青、穿環的自戀的孔雀們，毫不留情地展示著炫耀的羽毛。於是穿著緊身挖洞背心、露出性感腿毛、手臂上秀出瑰麗刺青圖騰、抓著小髻或蓄了小髭、苦練有成的胸大肌和闊背肌，更有甚著乾脆露出結塊纍纍的腹肌或是血脈賁張地展示著日曬機均勻烘烤成小麥色二頭肌的帥哥，像鯊魚般四周遊走，你也許可以把周遭顧盼自如的猛男們當作是一種激勵，但是，正拚了老命把弱不禁風又疲累不堪的四肢硬架在一台台活像刑具般的健身器材上，一再苦其心志，勞其筋骨地反覆操練的四年級 body，相對年輕、健美的體格，永遠只有認分地像是實驗室裡被當作對照組的白老鼠，有點無奈，但仍在困獸猶鬥。

等到了脫得赤條精光、短兵相見的蒸氣室，這時候再性感的運動服也無法掩飾逝去的青春。於是，周而復始地魔鬼訓練。踩腳踏車30分鐘、仰臥起坐至少100下、二頭肌、三頭肌、肩、胸和腹，輪番上陣。但是最不人道的是，穿著耳洞，一身孔武有力的健身教練總是在正想喘口大氣的時候，不假辭色地提醒，「突破、超越！」要想肌肉壯大，唯一的辦法只有，one more、two more，對、對、對，別放棄，再來一下，挑戰你的體能極限。

說起運動極限，生平還倒真有過幾次走出健身房的體能挑戰。一次是大冬天，抱著一雙膠統雨鞋和雨衣及初生之犢的勇氣，攀登新竹大霸尖山當了三天野外採訪記者，到頭來就著酸梅和融雪解渴不說，攻上山頂，為了取暖，硬是捏著鼻子猛灌平常一口都不敢喝的米梭湯的運動量，恐怕是健身房裡一個月的總和。但是，比起隻身背著露營帳篷到澳洲參加腳踏車越野賽，每天從天矇矇亮騎到夕陽西下，眼冒金星、精神渙散的我，突然懷念起待在冷氣房裡做運動有多幸福了。

159

說真的，我並無意效法80年代，第一個對身體美學提出自覺，並且現身說法地推出個人健身錄影帶的珍芳達（Jane Fonda）；也絕不想當第二個為了穿上Dior削瘦的男裝而刻意減肥，整個人瘦得只剩一頭灰髮的大師卡爾拉格斐。

說穿了，我運動，只是也想虛榮地加入都會「孔雀」的行列罷了！

時尚大嘴巴？

因為科技，權威瓦解了？因為部落客，時尚評論不必要了？有了臉書，人人都可以是設計師、評論家？「只要我喜歡，有什麼不可以？」時尚部落客竄出頭已不是新聞，但我想問的是，那些鑽進更衣室裡左拍、右照，正面、側身，再來個特寫的「部落女王」們對風格發展或推介的公信力，面對創意的觀察和解讀能力夠成熟嗎？適度的批判是必要，且必須的。藝評或影評可以引經據典、擲地有聲，時尚評析就該放水嗎？

素以毒舌聞名，得罪不少設計師的《紐約時報》時尚評論家凱西霍林（Cathy Horyn），言詞犀利的她繼引發設計師奧斯卡德拉倫塔（Oscar de la Renta）以刊登全版廣告筆伐聲討後，新上任的 Saint Laurent 設計師 Hedi Slimane 也在品牌 Twitter 上昭告天下：「凱西霍林永遠甭想拿到 Saint Laurent 邀請函！」只因凱西霍林直言本季 Saint Laurent 系列「凍結在 60、70 年代」，和過去似乎斷了線。

從業十年間，她在《紐約時報》以評論家的姿態，曾先後被列為 Giorgio Armani、Dolce&Gabbana、Helmut Lang 等大牌的拒絕往來戶，從時尚人帝卡爾拉格斐到新晉設計師王大仁（Alexader Wang）也都曾被她批過。成為秀場頭號「黑名單」人物，但被 CNN 評為「時尚界最有影響力女性 Top 10」的凱西霍林在《紐約時報》官網上開設部落格「On the Runway」早已成為時尚人士必讀，硬是扳她不倒。

2002 年起，網路開始出現「時尚部落格」。Glen Media 成立了一間旗下有著超過 1500 個 lifestyle 網站與部落格的媒體。很快的，各大時尚部落客開始被邀請去看時裝秀，並且越坐越前面。像是安娜戴洛羅素

（Anna Dello Russo）、妲薇蓋文森（Tavi Gevinson）等人都曾是座上賓。

部落客們在時尚產業裡的影響力不可同日而語，獲利也水漲船高，時尚部落格已從一項興趣逐漸轉變成一種可以經營和投資的職志，並成為主流媒體的一部分。大品牌開始「購買」時尚部落客的廣告，視為公關活動之一。甚至主流媒體也開始發展自己時尚部落格，競相分食這塊大餅。The Budget Fashionista 據報導年收約有 60 萬美元，The Bag Snob 每年也有六位數進帳，主要來自廣告收入。

但是，在這個社群媒體世代，什麼樣的聲音才是我們想要聽到的？一個附和的迴音，還是挑戰想法的聲音？專業是必須的嗎？或者是怎麼樣的專業？回頭看看，現在世道「名嘴」氾濫到啥都能滔滔不絕、大言不慚，自詡為時尚部落客的也比比皆是，我甚至合理懷疑「被品牌收買了」還是對真正的品味了解得太少，以致只能選擇自拍，說出「無厘頭」到難以閱讀的廢話，令人可笑和無奈。

時尚評論家所說的是否適合每個人的角度？消費者需要一些意見，那會是什麼？一般來說，「部落客」和「評論者」大致可分三類：隨便寫些廢話，把品牌給的資料複製貼上，照片、造型噱頭、show 上景況及品牌對服飾的態度照單全收；也可以戳破這些廢話的假象，一針見血點出商業操作的時尚真相；或者，扮演一個誠實旁觀者，僅談現場報導的新聞花絮，好比 show room 裡一共有幾朵玫瑰或是 show 上前排有哪些名人。

你或許會說，部落客已經取代了評論家的角色。某種程度上是沒錯，

但是他們的利基觀眾是一群每天固定上網的人。我所說的是能讓不特定多數人閱讀到的建議和解讀。每天特地上某個部落客網站去瀏覽？或願意花十五分鐘來閱讀；對時尚不是也該有著同樣的態度嗎？

網路上時尚評論的力量還是存在的，中流砥柱包括Suzy Menkes、凱西霍林、Booth Moore、Robin Givhan等人。但沒有一個時尚評論者會每週談論穿著造型。反觀新書架上，不乏發表時尚專文的作者，但這些抱著名人、明星大腿，有電視曝光知名度的造型師忽然搖身以「評論」為專職，卻不見精闢資深的時尚論點。

臉書、微博、部落格，科技讓大家都有發聲的機會，不論他們所知有多少？現在，為了搏君一笑或是譁眾取寵的人都被允許並鼓勵發表「高見」。沒有眼界和經驗的沉澱，或者連場合和風格年代、都不求甚解的情況下「一切都沒了意義」。

有趣的是，當異性戀男人們開心地承認愛看《決戰時裝伸展台》節目，零售商包括像Zara或是H&M強力擴大了時尚對一般大眾的影響力；我並不否定「時尚部落客」確實啟動人們關心外表，時尚達到有史以來高峰期的貢獻，但，重點是，時尚評論反而在這個「時尚對大多數人都變得重要的時代」，消失了嗎？

假時尚之名的「部落客」和評論家之間的距離在哪裡？我寧可相信，再過一百年，黑色小洋裝的魅力和英式訂製服的手工學問仍然會被熱烈地談論著；但突然間，民主、多元化讓「名嘴」的嘴臉，卻變得有多討人厭？勢利浮華的時尚圈，讓我們等著下一個當頭棒喝，讓那些無厘頭的部落客閉嘴的精采評論吧！

163

經濟美學

2008年美國道瓊指數跌破120年來新低，台股在5000點關卡上下掙扎，連社會福利一把罩的冰島都要破產了？站在全球最嚴峻的金融海嘯浪頭上，很多人也許還不識美國「雷曼兄弟」是何許人也，台灣就有5萬人因此個人財富掛了點。「就像一張大賭桌，裡面充斥著作弊的撲克牌」，投機者形容泡沫化的經濟前景，正考驗著消費市場的信心指數。

「真的需要，還是純粹的想要？」從積極面觀察這場金融災難，與其唉聲嘆氣，不如重新省思「消費」真正的價值是什麼？財經專家面對未來理財的良心建議是回到「簡單、明白」的投資。「賭場停電了」，中產階級發現，「投資自己」既能療傷又有回饋。自行車銷售一枝獨秀，說明了「對自己好一點」是支撐繼續消費的動力。

「美學療癒的作用，開始發酵。」暫且逃避現實困境、紛擾，造就了小品本土電影《海角七號》和台灣文化創意新紀錄的「驚艷米勒」畫展的雙贏；心靈產業禪修、瑜伽和氣功的重整身心健康商機，估算超過千億元之譜。

被冠上製造奢華的時尚，其實大可不必背著景氣低迷的「原罪」，反而倒是創造另一波經濟復甦的動力。時尚真的是過度消費的原罪嗎？馬總統花87萬元買家俬，要搬進官邸了；在媒體「監看」中終於又花了5000元買新鞋！一味「勤儉」的美德在空前經濟風暴中，不見得是萬靈丹。

時尚創造風潮，扮演了刺激消費的角色。一向洞燭機先的時尚其實早就嗅到「M」型化的風暴，以實際行動卡位的「大眾精品」魅力在

H&M、Zara和英國的Topshop，找來設計師卡爾拉格斐和名模凱特摩斯操刀，以金字塔的品味推出平價時尚，滿足大眾消費欲望的同時，也活絡了景氣低迷的市場。

「經典」更是時尚重新包裝鼓勵消費的高招。包括Louis Vuitton、Hermès、Gucci、Ferragamo和Chanel一而再，再而三地大力炒作「復刻」版本，大唱「經典不敗」高調的設計風格絕地反攻；省在刀口上，挾著「環保」再利用的二手名牌貨也在精品圈形成另一種反撲的力道。

誰說景氣趨冷，時尚就要軟腳？「性感」仍舊是設計師創造消費熱度的法寶。2009年巴黎時裝鋪天蓋地的為時機歹歹找到令人肯定的答案。明年春裝準確地傳達出，即使在艱困的時代，人們似乎更期待dress up的渴望。就像呼應當年戰時巴黎女性勇敢自我表現，以誇張的配飾提振穿著氣氛。

經濟蕭條，性感時尚如何凸顯其必要性？美麗的裝飾該如何和簡樸需求並存？Lanvin的設計師亞伯艾爾巴茨提出完美配方是「終結虛假」。換句話說，一切不真實的都需要去掉。「在時尚裡找到簡易和實在」對時尚設計師而言，拿起剪刀和布料最實際。

性感而活潑，融合些許40年代，帶著誇張的金屬光澤和非洲土著的奇特風格的飾品，時尚不減反攻，彷彿解放壓抑已久的感情。鮮明色彩、誇大的創意，甚至帶有古怪而奇特的墊肩外套和運動寬褲，讓人看起來既年輕又具有奢華感。

誇張的飾品總是時尚的焦點。非洲部落風格、裝飾了羽毛的鞋子；多樣化奢華的麂皮、蟒蛇皮、金屬光澤和豹紋構成有趣又活躍的組合。可不是嗎？「絢麗和簡約並存」，時尚為涼颼颼的景氣，特調了一杯提神的雞尾酒。

世界金融秩序如何重建？無一倖免的全球股災要怎麼止血？縮水的財富如何填補？消費市場的信心又該如何重拾？或許跌破財經專家眼鏡的時尚大師們永遠不曾停歇的靈感，繼續扮演創造欲望火車頭的角色，正是迎戰經濟大恐慌，在「奢華和理性」之間最佳動力。

經濟美學興起。自行車、經典款、二手包、禪修、瑜伽、氣功；海嘯雖大，再問一次掌舵的心靈：你是真的「需要」還是「想要」？

平價，誰說了算？

現在，不來一件 H&M 或 UNIQLO cross over 超級大設計師限量、限季或限定地區的 T 恤，好像就落伍了；事實上，全球經濟蕭條，奢華產業正面臨極大挑戰，而面對不可期的未來，消費心理在寧可把錢存著而不想花大錢的氣氛下，打著速食流行口號，挾低價和名人代言為號召的「平價時尚」儼然成為一股時尚新勢力，席捲全球。

台北首間日本 UNIQLO 開張，一連數日萬人空巷的排隊奇觀，印證台灣也趕搭上這班「平價時尚」列車，而且速度和火力都十分驚人。另一股透過網站、facebook 或 blog 的傳播，揪團網購 American Apparel 等休閒衫的消費模式，也正如火如荼地在台灣新世代之間擴散，上網連結、搜尋時尚線索，成為「很時尚」的行為。

無遠弗屆的網路促使時尚影響力更全球化。這種「從下往上」、由「素人」掌弄時潮的趨勢，徹底顛覆了「時尚」的定義。今天，穿戴什麼牌子，固然代表個人時尚，但包括你用的手機和電腦等 3C 產品，是不是經常更新或是三不五時地升級，好像也都成為被人品頭論足「是不是時尚人」的標準。

可喜的是，時尚變成一種全民運動，人人都以沾上時尚的邊為樂，時尚不再僅限一小撮人的專利。但是，反過來看，平價固然讓更多人可以享有即時的時髦，但一味搶攻、到處抄襲；不考究品質，更談不上尊重原創精神，只顧著「俗俗賣」拚低價的速食時尚，在不知取捨和分辨的前提下，品味只會流於更盲從、更沒有自己的格調。

網路上各自為政，卯起來自拍、標榜穿搭的部落客以「素人」之姿，莫名其妙地成為炙手可熱的品味「達人」；電視新聞裡沒日沒夜排隊

167

搶購UNIQLO的大眾，一問三不知，不知為何而買？「俗又大碗」應該不是鼓勵追求品味的唯一理由。

「學學文創」清一色全都是女生，不見男性學員的講堂上，我心裡不免嘀咕，這年頭，即使三、四十歲的台灣男性有一堆「沒時間、沒有興趣或是礙於同輩訕笑」，不敢，也不願學習生活、藝術之美，但看見台灣年輕世代「無厘頭」的一窩鋒，對美學時尚又有什麼領悟呢？

人云亦云，沒有自發性的學習動力，台灣男性對美的敏感度和欣賞設計的熱情，似乎還在原地踏步。喊了多年「時尚不是女人的專利」，台灣媒體對男性時尚漠不關心、仍舊淪為陪襯的偏頗心態不改、只靠幾本國際中文版男性雜誌硬撐場面，不時還得祭出性感美女封面才能守住閱讀率，情何以堪？

從服裝設計科班畢業展評選，到擔任電視《決戰伸展台》節目評審團的經驗，每每看見台上新生代服裝設計師們，過分堆疊、繁複的設計手法和美學品味，充其量只能用「學生勞作」來形容的作品，心裡不禁涼了半截。台灣其實真正欠缺的是一種對「基本」品質和「細節」要求的品味。

UNIQLO吹動的時尚來自品牌對「基本款」的著力。簡單又可日常穿搭的棉T、品質和價位「合理」的喀什米爾V領毛衣、直筒牛仔褲、白襯衫、卡其外套和便於整理的針織類單品；甚至在棉襪和內褲等內搭上提供男性更多、更有設計感的選項，對一向不重小節的男性來說，「有型的」基本款才是up男人衣櫃水平的關鍵。

與其多幾個出門會抓抓髮型、不忘噴點古龍水的花美男、躲在電腦螢幕前大放厥詞的網路宅男、培養電視上自吹自擂的型男造型師，或是鼓動一票夥同網購平價時尚的幼齒男，不如趁平價時尚來襲的旋風，讓台灣男性找到建立基本品味的能力。

對台灣男性品味的質疑，有人會以「台灣男裝採購品味有問題？」為理由，但常聽到品牌採購的反駁是，只要不是黑的、深藍的和灰色，就賣不動；更不用說，有條紋的、彩色格紋的西褲一定滯銷。台灣男人的 fashion statement「時尚宣言」果真如此，再多開幾家UNIQLO、再搶進H&M等平價時尚，充其量只是鼓勵大家穿時尚「制服」，骨子裡仍然找不到樹立個人風格的方法？

視而不見，比不敢、不願意改變，更教人擔心；如果連象牙白和電腦白都無法分辨，台灣科技再精進，還是沒法跟上時代。平價無罪、速食有理；因為一古腦跟風、因為「俗又大碗」的誘惑，並不能證明台灣品味升級。「平價時尚」來了，也許正是培養「分辨好東西」能力的大好機會。可以等待，但就怕無動於衷；等那一天，台灣男性真的發自內心愛美了，才能真正看見「平價等於時尚」的時代意義。

不完美，多麼痛的領悟

有人問Lanvin的設計師亞伯艾爾巴茨要不要像馬克雅各布斯或老佛爺卡爾拉格斐一樣瘦身成功後，才會對創作設計有幫助？「我的體重也許更能喚起我對纖細和輕盈的感動，」胖呼呼的亞伯艾爾巴茨一派從容的答案，反而留給時尚圈面對虛華的反思，「完美的定義究竟是什麼？」

就連最要求完美的婚紗，Viktor & Rolf都膽敢以電鋸切出許多破口形狀，驚世駭俗？還是想傳達什麼？得到無數喝采和好評的Lanvin絲綢洋裝，刻意不收邊的縫線和褶縐早已是一種招牌風格。今季，Dolce&Gabbana找來義大利家鄉西西里島的村民，老人、小孩、工人、漁民全都上場的男裝秀，雖然請非專業帥模走秀這不是創舉，但為何在這個全世界經濟都哀哀叫的節骨眼，要來這麼一手？炒新聞？或是六塊肌的型男，品種突變了？

勞拉斯通（Lara Stone）、喬治亞梅賈格爾（Georgia May Jagger）等「齒縫姐」，與拉葵兒齊默爾曼（Raquel Zimmermann）、奧黛麗芒內（Audrey Marnay）這些「雀斑妹」紛紛占領各大時裝週模特兒席次。在時尚圈，「缺陷美」躍上一線，如今好像沒有一點小缺陷，就不叫超模。時尚圈累了、倦了、灰心了還是被景氣的失落打敗了？

年復一年時尚趨勢更迭，為了不落入窠臼的時尚求新求變，設計師無不挖空心思，但是誰能保證哪種風格是常青不敗。於是，挾著過去勝出的「經典」和現代素材結合的「新復古」成為男裝的繆思。尤其是復古中添加一些現代主義，像為自己來杯特調般：2個量杯的極簡、300克70年代嬉皮、4茶匙運動風、些許異國情調、酌量幽默感。得出驚人的結果，不但非常適合表現強烈的個人風格，樂於混合新舊的

穿著態度也是啵亮、簇新的時尚所不能取代的一種品味。說穿了，復古之所以能夠經典不敗，某種程度就是因為闡釋了 imperfect「不完美」的可親和可貴。時尚本身就是一個不斷的週期循環，不斷汲取從前的精華。因此每季流行中出現過去代表性的風格和形象一點兒也不足為奇。此外，就風起雲湧的派對文化，選擇復古打扮是明智的，雖然不見得穿得和克拉克蓋博或史提夫麥昆那樣優雅又有男人味，但至少避免了穿新衣和人撞衫的尷尬。再來經濟衰退也是追求不完美的導火線，花錢的手軟了、謹慎了，慎選較相對「合理便宜」的替代品，老衣服或二手衣成了懂得品味的一種成熟、渾然天成的表現。

趨勢反彈更加速了解構、重整品味的速度。男士們雖然表現得更有意願展現自我，但速食流行多少有點太浪費，潮流人士更不肯一味地跟風。當然最重要的是，不必刻意追求一絲不苟，不用練就希臘神話美男子身形，真的很棒！之前穿不出門的「經典」，現在都成了寶。即使60年代，合身西裝、時髦的年輕男子以尖頭靴搭配窄管褲；鬢角開始流行，較長的頭髮也能被欣賞。甚至男性服飾多了女人味：春夏鮮艷螢光色系的變形蟲花襯衫、天鵝絨喇叭褲，蓬鬆的袖子，明亮大膽的紫色、橘色、綠色搭配條紋和印花，男性配戴飾品也不再忸怩作態，一切都鬆綁了。很多男人發現這種不再惺惺作態的矜持美感之後，就滿心情願，深陷其中。

話說把自己搞得年輕一點、精瘦一點，無可厚非；但如果能像亞伯艾爾巴茨說的，「因為不完美，所以我活得開心。」未嘗不是一種重新審視不完美世界的美好體悟！大口吃肉、蹺一堂飛輪健身課，比把自己硬塞進46號 Prada 西裝裡，快樂多了，不是嗎？

171

先生，你念哪間名校？

史蒂夫賈伯斯（Steve Jobs）走了。這位史上最偉大CEO影響所及，無所不在。永遠Levi's 501牛仔褲和New Balance 991球鞋和義大利Brunello Cucinelli訂製高領羊毛衫，幾乎從無例外的個人招牌穿著，使得一本正經的西裝成為科技界的「異類」；賈伯斯不追流行、規律、低調且「沒有特色」的穿著，反而形成造型裡最成功的「權威穿著」power dressing的代表。

但是，也許鮮少人知道，1972年高中畢業，美國波特蘭瑞德學院念了一學期就輟學的賈伯斯一直對「制服」的向心力，念念不忘，這恐怕也是他之所以數十年穿著風格總是一成不變的情結使然。

事實上，「制服」一直是時尚圈重要的創意來源之一，特別是傳統名校大學預校生preppy look永遠是紳士的最佳預備服。長久以來，「學院派」在流行時尚中，一直占有一席之地。這種看似經典保守的服裝，意味著出身貴族學府受教，學得禮節和規矩，代表擁有不凡家世背景的優秀血統。基本上學院風有兩主流：以長春藤風格為首的美式，以及英倫貴族學院風格，另有非主流的支派，指的是一向「哈英」的日系制服服飾。

長春藤大學服飾（IVY，Ivy League Model）源自美國東部常春藤大學聯盟，八大學府有伯朗（Brown）、哥倫比亞（Columbia）、康乃爾（Cornell）、達特默思（Dartmouth）、哈佛（Harvard）、賓夕法尼亞（P nnsylvania）、普林斯頓（Princeton）、耶魯（Yale）等名校的足球隊。這些大學學生以自然肩線、狹窄翻領及細長袖子的瘦削型西裝外套和長褲為主；為了表現出明快、輕鬆又休閒的氣氛，灰色法蘭絨布料、後背中心線有褶線，領片多為釘釦的襯衫是明顯的區隔。重點是

無論領帶、襯衫和鞋子的穿法，多以休閒風貌 Casual Wear 為主調。

英倫貴族學院風格（noble college style）：是英國的傳統特色之一，傳統以來，這些私校都是有錢人的學府，至今仍保留許多以前貴族學校的規矩和禮節。中學有 public school，大學則以牛津（Oxford）劍橋（Cambridge）為表率。每年兩所大學舉行划艇比賽，全球矚目，比賽當日，每一位學生以正式的金釦上裝、襯衫及以社團、校徽圖騰的斜紋領帶搭配卡其長褲，手持一頂硬帽（boater hat）出席。

勃艮第和海軍藍條紋、俱樂部圖騰，高爾夫俱樂部或帆船 club，動感十足的小配飾。重點是，要把新衣服穿出傳世的「陳舊感」，也就是表現身體和衣服之間，像幾代傳家親密老朋友般的傳統。皮鞋看起來應該光亮潔淨的、但不是做作的閃耀。一雙棕色的彩色斯佩里 Topsider 皮鞋和手腕上的骨董錶，始終是傳統學院風的基本配備。

學院風，不論美式休閒風的方格圖騰或英式經典的斜格、菱格紋，特別是蘇格蘭格紋，都可視為最具經典的圖騰；每季格紋或色彩的翻新，總是令人耳目一新，這些時尚格紋都是學院派不可欠缺的重要元素。歷史上，具有蘇格蘭皇室貴族血統的姓氏，皆有獨特家族的格紋圖騰。但是在時尚潮流中，格紋超越家族表徵，進而登上時尚舞台成為學院時尚的元素。

不論是粗、細針的圓、V領、背心或開襟款毛衣，以層次混搭格紋、釘釦款、或牛津布襯衫等，絕對是學院風格穿法的代表。英式風格中毛衣更以鮮明的主題徽章或繡花圖騰巧妙詮釋貴族印象，勾勒出一種大英帝國的精神輪廓。金釦上裝、牛津布襯衫、格紋襯衫、俱樂部圖

騰領帶、風衣、粗細針毛衣、馬球針織衫、卡其褲、燈心絨褲、吊帶、徽章還有領結，別忘了戴上一副適合自己的膠框眼鏡，佩戴骨董腕表，才算符合整體造型。

學院風的do與don't（不小心變成宅男的地雷）在於必須了解，英國貴族學校的穿著，講求的是Layering極端考究的、多層次的搭配手法，刻意顯示出一種上流社會的「炫耀」，這和美式校園的運動、休閒感，大相逕庭。特別是英美私立寄宿學校，獨一無二的、昂貴的、色調沉悶的天然面料制服；看似豐富，老練、沉穩但不閃爍；講究規則，衣著外觀顯示出身名門，「華而不實」，在學院風裡其實是被允許的。

說穿了，校園風賣的是「乾淨、斯文」的學生氣質。如果《哈利波特》（Harry Potter）代表典型英式校園，電視影集《花邊教主》（Gossip Girl）就是美國私立高校的縮影，一定要區隔其間不同，英系學院會以徽章的顏色來作區別；而緞面領帶＋卡其褲＋雙排扣外套和背心的組合則教人有種回到美式上流社會私校的懷舊氣氛。Androgyny「雌雄同體」的雙性性格也是「校園風」的特色之一。

男裝吹起復古風潮，興起於70年的「預校生」preppy look幾乎就是最佳示範。金釦blazer、斜紋領帶（英式由左上右下）和格紋長褲，終於讓男人有重溫「有教養的氣質男」的學習對象。

相信又相依

電視影集《慾望城市》裡穿金戴玉，卻情場失意的「敗金女」莎拉潔西卡派克終於修得正果，在躍上大銀幕的續集裡要嫁人了！穿著設計師薇薇安魏斯伍德豪華婚紗向前衝的時尚嬌嬌女愛情有望，能不能再創收視票房，我倒不擔心，倒是關心這位從此心靈有了寄託的城市慾女「購物妖魔纏身症」會不會就此打住，比較實際。

其實要怪我天真過了頭，愛情當然不是萬能，有了愛，不代表一切就幸福圓滿。不過，現實生活裡，好友的一場異國婚禮還是教人對愛情充滿期待。新人倆加起來要破百，男的雄壯威武，女的嬌媚含羞，看在眼裡的甜蜜溫馨，感染得親朋好友眼裡有淚、心裡是愛。在替遠嫁法蘭克福的新娘子鼓掌，也為同桌還沒嫁掉的單身女郎加油的同時，還是對「愛情」充滿信心！

有人形容，結婚是愛情的墳墓，為了享受被愛追逐的甜蜜，老在門外徘徊不婚的大有人在，也有人一時衝動，懵懵懂懂就決定牽手一生。不管是深思熟慮還是荷爾蒙作祟，當愛情來敲門，不等旁人狐疑的眼光，也不管柴米油鹽醬醋茶的磨難，「讓我們結婚吧！」一句喜餅廣告台詞，也不知感動了多少幸福佳侶。就往婚姻裡跳？婚姻是神聖還是兒戲？好萊塢分分合合的銀色夫妻，點滴在心。付多少贍養費和誰是下任新歡的八卦一樣「多汁」。提起「玉婆」伊莉莎白泰勒（Elizabeth Taylor）和李察波頓（Richard Burton），結了幾次婚不重要，鑽戒多少克拉比較實在；好事者正為女星潘蜜拉安德森（Pamela Anderson）為了抵賭帳和賭場小開牽手紅毯婚約倒數計時的同時；「今天我們又在一起，永遠，確實而且毋庸置疑。我們不能，也不知道如何和彼此分開。」法國前總理薩科奇在其著作《見證》一書上曾寫下的動人宣誓言猶在耳，他和愛穿 Prada 的太座薛西莉維（Cécilia

175

Ciganer-Albéniz）已經玩完的消息卻已成了全球頭條標題。

宗教講的是大愛。「彩虹旗」飄揚，愛不分種族、階級，更超越了性別。愛得那麼渴求、愛得如此濃烈，又愛得自由暢快。時尚圈裡義大利時裝黃金雙人檔Dolce&Gabbana兩位帥哥令人稱羨的愛情，如今情緣已逝，但合夥生意還在。異性戀、同志愛，滿街都是有緣人，有人因為寂寞而陷入情愛，也有人為了功利而愛。不論怎麼愛，愛的對象是誰，愛上了、愛過了，才知情為何物。愛更是創作的動力、火花和靈感，沒有愛，時尚將停止轉動。20年代發跡的服裝設計師可可香奈兒如果沒有驚天動地的兩段異國情愛滋養，今天恐怕就沒有山茶花和雙色鞋的經典之作；YSL漫天飛花的紫羅蘭圖案教人想起60年代power flower，美國的年輕人為了反戰，喊出「make love，not war」口號，嬉皮倡導自由的愛是時代的「愛」。

走過Louis Vuitton店門口，「愛，是人生最美麗的旅程。」映著網球手阿格西（Andre Kirk Agassi）和愛妻相擁在紐約旅店畫面的櫥窗，很難不心動；法國珠寶商Cartier最有名的豹形珠寶代表溫莎公爵（Edward VIII）和夫人之間「愛的默契」。宴會上如果溫莎夫人想回家，只要悄悄把豹頭側移，愛妻心切的公爵就了然於心。

義大利老牌Moschino的「紅心」標記代表博愛；日本Comme des Garcons賣得最好的發燒系列襯衫和T恤分別印著紅心示愛。愛是分享，也是見證；與其愛得驚天動地、難捨難分，不如相信又相依。「大人物」，終於娶了女主角，好朋友也嫁作德國妻。遲來的婚禮，晚到的祝福；但，愛永遠不嫌遲。Go！Go！Go！勇敢的愛吧！